系统思维 163 法则

SYSTEM THINKING 163 LAW

中国式东方管理智慧

Systems thinking Structured system sanaly sisand design method to change

① 传道规划 "1" 方向
⑥ 授业计划 "6" 方法
③ 解惑谋划 "3" 方略

吴群学 著　吴群学劳模工匠人才创新工作室　监制

新华出版社

图书在版编目（CIP）数据

系统思维 163 法则 : 中国式东方管理智慧 / 吴群学著 .
北京 : 新华出版社 , 2024.6.
ISBN 978-7-5166-7449-9

Ⅰ . F279.23

中国国家版本馆 CIP 数据核字第 2024SW4842 号

系统思维 163 法则：中国式东方管理智慧
著　者：吴群学
出版发行：新华出版社有限责任公司
　　　　　（北京市石景山区京原路 8 号　邮编：100040）
印　刷：三河市君旺印务有限公司

成品尺寸：170mm×240mm 1/16	印张：15　　字数：230 千字
版次：2024 年 8 月第 1 版	印次：2024 年 8 月第 1 次印刷
书号：ISBN 978-7-5166-7449-9	定价：52.00 元

版权所有 · 侵权必究
如有印刷、装订问题，本公司负责调换。

微店

视频号小店

抖店

京东旗舰店

扫码添加专属客服

微信公众号

喜马拉雅

小红书

淘宝旗舰店

系统思维163法则：结构图

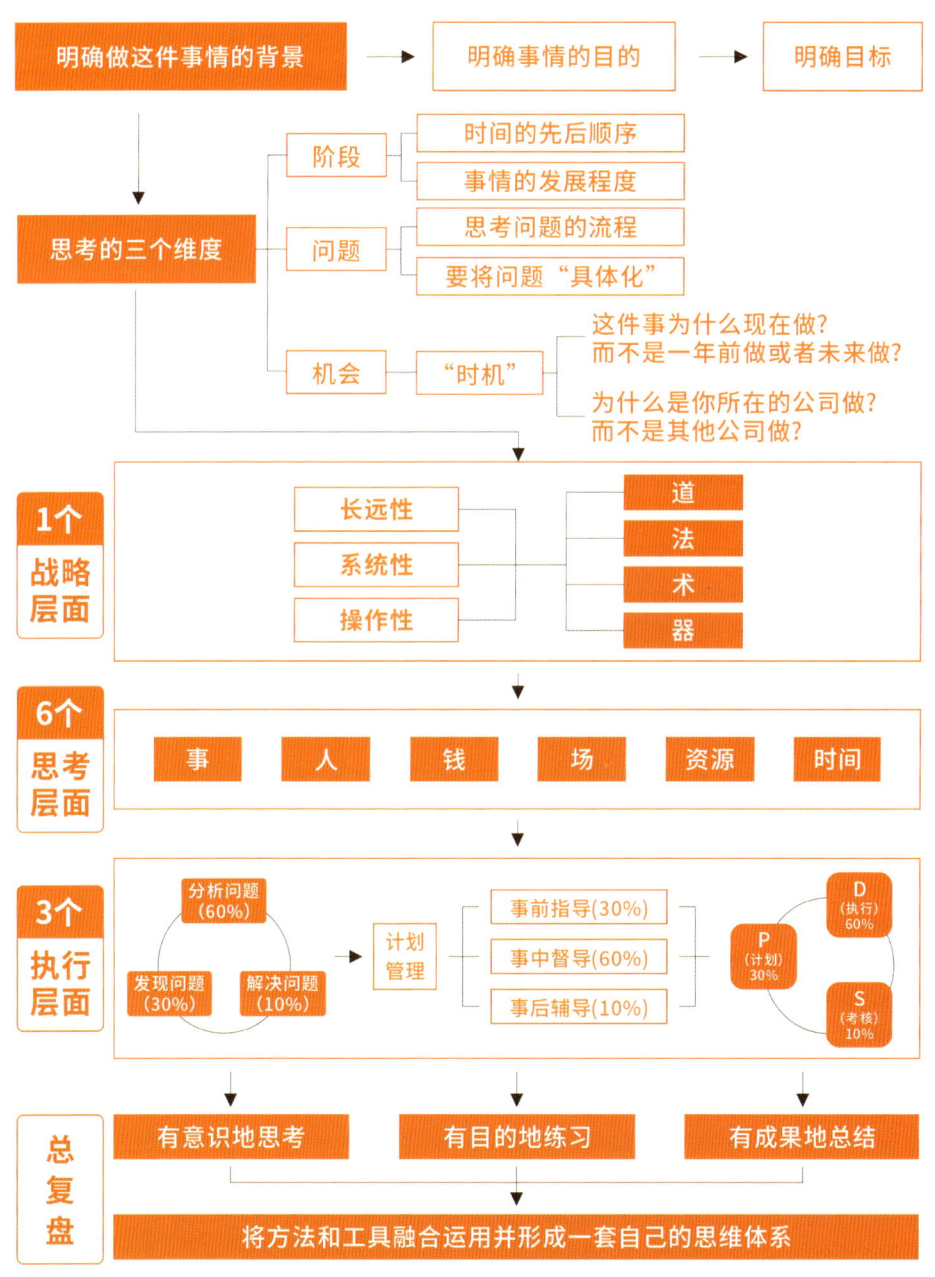

系统思维163法则：导引图

系统思维能把握复杂系统的运行规律，是现代人必备的思维方式。万事万物都是系统，系统由相互联系的多个部分组成，透过表象能看到要素、关系和规律。拥有系统思维的人，更能把握规律，成功概率更高。其最大价值在于整体大于部分总和和新能力涌现，且具有不可复制性。系统科学位于科学体系金字塔顶端，包含系统分析等内容，163法则是典型的系统思维方式。从人一生发展的角度看，系统思维能拉开人生距离，要成大事必须具备这种思维穿透力。

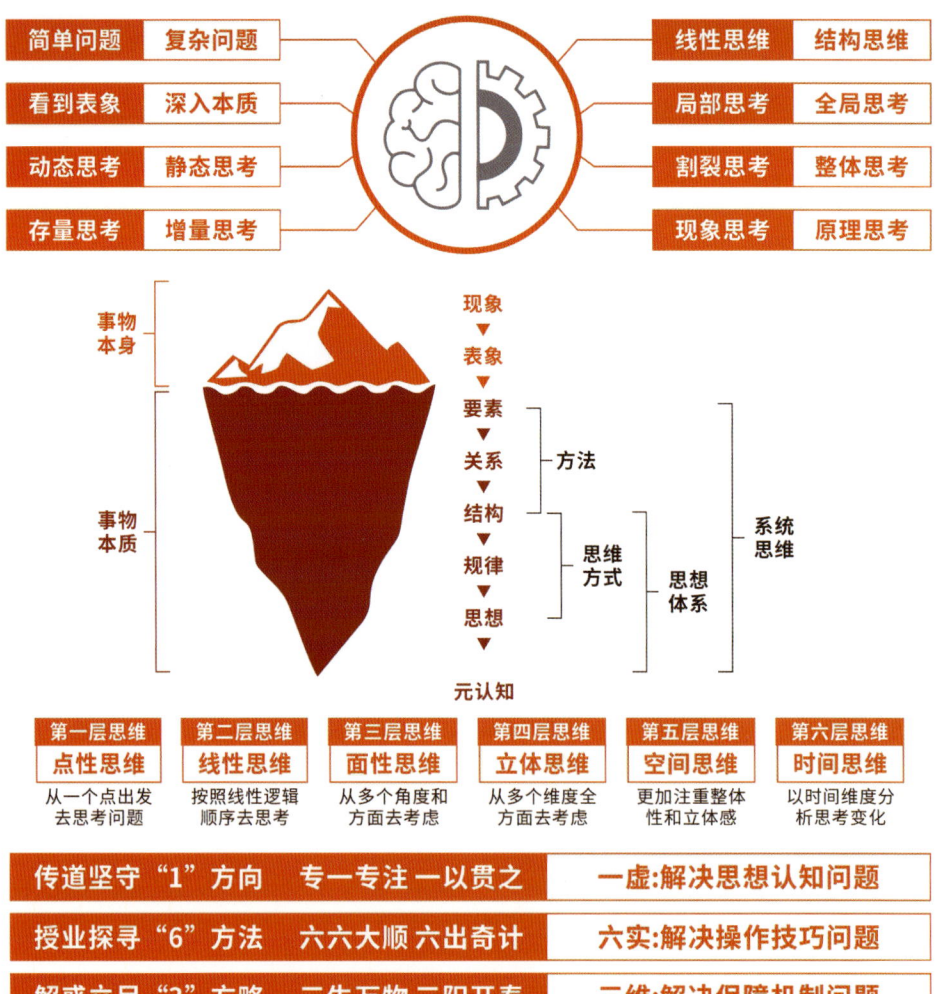

第一层思维	第二层思维	第三层思维	第四层思维	第五层思维	第六层思维
点性思维	线性思维	面性思维	立体思维	空间思维	时间思维
从一个点出发去思考问题	按照线性逻辑顺序去思考	从多个角度和方面去考虑	从多个维度全面去考虑	更加注重整体性和立体感	以时间维度分析思考变化

传道坚守"1"方向　　专一专注 一以贯之　　一虚:解决思想认知问题

授业探寻"6"方法　　六六大顺 六出奇计　　六实:解决操作技巧问题

解惑立足"3"方略　　三生万物 三阳开泰　　三维:解决保障机制问题

《系统思维163法则》推荐语

　　163法则是独创的系统思维方法，开创性地诠释了东方管理智慧，融合"道、法、术、器"传统文化之精髓，以道立基、以法立根、以术提效、以器赋能，从战略规划、路径方法到工具运用，结构清晰、层次分明、逻辑性强，理论联系实践，通俗易懂，在企业经营管理、个人职业规划和日常生活方面都有普遍的应用价值，很适合国人阅读。

　　　　　　　　——浙江大学全球创业研究中心高级研究员　洪文明

　　如果你在寻找一本能够提升你的系统思维和解决问题技能的书，那么《系统思维163法则》将是你的不二之选。本书是163法则发明者吴群学先生多年研究成果的集大成之作，也是对系统思维领域一次全面而深入地探索，通过阅读《系统思维163法则》，你将学会如何从容应对不确定性和复杂性的社会环境，也会使你在快速变化的世界中获得清晰的洞察视角。

　　　　　　　　——浙江大学公共管理学院高端培训事业部主任　李坤

　　第一次听到"163法则"，就给了我巨大的惊喜，仿佛让我看到了管理的一扇门窗和科学肌理一样，眼前豁然一亮。管理的本质是什么？管理的底层逻辑和规律是什么？在中国式现代化大道上，我们要建立一种怎样的管理思维？今天和未来，我们要用什么样的管理法则来支撑和演绎新时代高质量发展这个硬道理？这些是我们一直在思考的问题，吴群学先生的书则给了我们系统、明晰而具有创建的阐述。从现象看见本质，从自然法则看到社会法则，从管理学的法术道器看到东方企业管理文明的创新未来，这是群学先生的重大发现，是中国企业管理学界的一个"元"贡献，也是群学先生之大成。在企业管理思想和学术研究依然没有走出碎片化和西化胡同的今天，《系统思维163法则》的出版，不啻为献给中国高质量发展新时代的管理学术的花朵，是一部融通了西方现代企业管理科学和东方管理智慧的中国式企业管理力作和典藏。

——社会学家、安徽大学中国三农问题研究中心研究员　吴凯之

我是带着几分敬畏的心情去阅读吴群学先生的《系统思维163法则》，全书着眼于一个字就是"变"。记得德鲁克曾经说过，管理是一种实践，其本质不在于知而在于行，其验证不在于逻辑，而在于成果，其唯一权威就是成就。系统思维是一种哲学思维，而哲学来源于经验又超出经验。可见，"系统思维163法则"不仅有助于我们认识和思考现实生活，更有助于我们对当前的管理实践做出方法论的指导。该书从辩证思维和系统思维逻辑入手，透过现象抓本质，从有限中觅得无限，从统一中把握对立，从对立中把握统一。不仅讲透了"法则"，更在于认知了法则的内在逻辑，让人悟出人生的真谛。

——安徽大学教授　裴德海

对于世界的解读，不仅仅是一个人的知识储备的体现，更是一个人对于世界的态度最好的证明。

传统中国哲学看世界，是阴阳，是太极，是玄而又玄……西方看世界，或一分为二，或二八法则……吴群学先生独树一帜，融合中西方认识论的圭臬，提出了163法则，给人们提供了一个解读世间百态、剖析发展规律的一个全新的视角和方法与工具。

163法则，让我们看世界的角度更为宽广，思考问题的深度更加厚实，前瞻预测的方向更加悠远……或许，我们可以更加宽容地与更多陌生的人们，相互尊重，彼此探究，更加接近世界的本原。

看清生活，是拥有更美好未来的第一步。

——南京师范大学教授　朱强

不谋万世者，不足谋一时；不谋全局者，不足谋一域。

吴群学先生凝炼多年理论探索和实践沉思所著的《系统思维163法则》，堪称"谋万世、谋全局"的系统思维的杰作。

——安徽大学副教授、博士　高志强

我荣幸地向您推荐吴群学先生的新书《系统思维163法则》。作为一位在企业管理和培训领域享有盛誉的专家，吴群学先生以其深刻的洞察力和创新的管理思想，影响了无数追求卓越的企业家和管理者。

书中不仅记录了吴群学先生丰富的职业生涯和个人成长历程，更深入探讨了他的管理哲学和实践智慧。《系统思维163法则》核心概念的提出，展现了吴群学先生对中国企业管理模式的深刻理解和独到见解。本书通过具体案例和生动的故事，将复杂的管理理论转化为易于理解、操作性强的策略，使读者能够轻松吸收并应用到自己的工作中。

无论是对管理学感兴趣的朋友，还是希望提升个人及团队效能的企业领导者，《系统思维163法则》都将是一本宝贵的参考书籍。它不仅提供了实用的管理工具和方法，更重要的是传递了一种持续学习、勇于创新的精神。

我坚信，阅读这本书将会给您的工作带来新的视角，启发您在复杂多变的商业环境中找到适合自己企业发展的道路。期待您能从《系统思维163法则》中获得灵感，开启一段精彩的管理与领导之旅。

——南海学分学术委员会主任导师、博士　李斌

吴群学先生在事业方面的杰出成就和在反馈社会的身体力行，皆为彰显吴氏至德、至智、至善之风范。而其从事的管理研究，正是人如其名，研究"群体之学"，这既是其工作之所向，亦是其人生使命之所在。从洞悉人性之深邃复杂再到企业运作之精神逻辑，群之为，学之道，遂成管理之真言。做人与做事本为一体两面，数十载人生沉浮将他的人生经验与工作使命相结合，他不仅将教育的眼光投向公益，也将中国文化的传播视为己任，如此之格局可谓至大至伟。管理企业，亦是管理人心，唯有真心，才得真道，"群学"二字，对于作者而言，既是研究"群之学"，亦是关乎"学"从"群"而来

的实践真谛。

——安徽省政协港澳台侨和外事委员会副主任、省侨联副主席、香港选举委员会委员　吴志斌

当今社会唯一不变的就是变，面对未来很多的"不确定性"，如何做到准确识变、科学应变、主动求变？需要我们构建并运用系统思维，分析问题、解决问题，特别是身处纷繁复杂的环境，运用系统观念，有助我们拨云见日，透过现象看本质，"不畏浮云遮望眼"，从而成功应对各种挑战，把握各种机遇，立于不败之地，做到"乱云飞渡仍从容"。吴群学先生最新著作《系统思维 163 法则》就是解决问题的系统思维。该书的价值在于由系统观念形成的成套系列办法，既是思维方法，又是工作方法；既有理论性，又有实操性。如何构建并运用系统思维？吴群学先生的《系统思维 163 法则》或许会给出答案。

——国家电投中国电力原副总师、工会副主席、高级政工师　谢仕儒

这个时代抛弃你的时候，连一句再见都不会说！这个时代，变化越来越快、越来越大，你很难预料未来会发生什么。古人云，"生于忧患，死于安乐"。只有保持强烈的危机意识，保持旺盛的学习能力，让自己具备足以和市场上所有同领域的人才相比不落下风的能力，才能让自己有一个稳定光明的职业前景。吴群学先生的新书《系统思维 163 法则》将告诉我们如何应对变化、顺其规律。

——知名实战派人力资源管理专家、HR 经理人　张星明

吴群学先生的《系统思维 163 法则》，高度概括总结了思维的习惯与法则，以"道法术器"为层次结构，逐层展开，逐渐落地，具有实用价值。利用 163 法则开展一项工作，可以拿出 1 分精力用在工作开始前的构思上，拿出 6 分精力用在工作开展与推进上，拿出 3 分精力用在工作环境的制度保障上。利用 163 法则进行战略策划，先要弄清 1 道，即传道，明晰 1 个战略使命；继而需要构思 6 法，即授业，理清 6 个战略工具；最后需要 3 术，即确立 3

个策略，解决战略保障机制。利用163法则进行市场营销，首先需要确立1个中心，即以客户为中心；继而清晰6项法则：顾客要的不是便宜，是感知获得了便宜；不与顾客争论价格，要与顾客讨论价值；没有不对的客户，只有不好的服务；卖什么不重要，重要的是怎么卖；没有最好的产品，只有最合适的产品；没有卖不出的货，只有卖不出货的人；最后需要注意培育6个度，即商品知名度、社会美誉度、顾客忠诚度。

——华北电力大学教授、博导、欧洲自然科学院院士　谭忠富

"好书是伟大心灵的富贵血脉"，"奋发还得读良书"。何谓好书？站在学以致用的角度，能够易学易懂用得上，深思精研行得通的就是好书。写书难，写好书更难，我曾见证过作者吴群学先生"写书"的过程。他的书，兴于多年对企业经营管理实践、实战和实效的思考；立于长年研究成果的深厚积累；成于独特的学术见解和前瞻性的预研深判。《系统思维163法则》，以"道法术器"为结构，建立了中国培训界独特的163模式，受到业界的广泛赞誉和普遍应用。

——广东百润亚太欧联商学院院长、全国十佳培训师、国际认证咨询师　盖烈夫

《系统思维163法则》是一本充满智慧和启发的书籍，既有传统视野又能把握现实，提供了实用多维的思维方法和技巧，深刻地阐述了人生的智慧和成功之道。吴先生的163法则将给予您新的思考方式和行动指南，帮助您实现自我提升和目标达成。

——江西电力职业技术学院教授　胡青春

吴群学先生是一名共产党员、红色教育者，他的海轩教育团队能够紧跟国家新理论、新政策、新形式、新技术、新业态，不断更新提升海轩教育培训课件领域和质量，线上线下培训模式新颖，师资力量雄厚，工作务实高效，团队成员思路清晰，逻辑缜密，有大局观。吴群学先生编著的《系统思维163法则》主要阐述了如何应对变化。在巨变的时代里，变，成为一种常态；

而积极应对变化，与时俱进，越来越成为一个人及所有机构组织的关键生存能力，而这种能力就是顺其规律、开拓创新、追求卓越。"系统思维163法则"是可与"二八法则"媲美的认知规律，成为认知生活、学习和工作的指导思路，符合企业闭环管理理念，其主要思想和理论有宏观性、开放性、有机性、组织性、持续性。由衷地为吴先生不断拓展和提高而感到高兴，从书里我看到一个不断丰富的吴群学先生，一个极具文化内涵和管理经验的吴群学先生。从书里可以看到他深厚的学术积累，独特的学术见解和前瞻性的思考。其培训163模式体系在电力系统管理培训和技术技能培训上得到应用并产生了良好效果。

祝贺吴先生，感谢吴先生，为职业培训管理提升贡献了一条有效的路径和方法。

——大唐山西发电有限公司　陈永进

得知吴群学先生《系统思维163法则》即将出版发行，本人由衷地为吴先生不断拓展和提高而感到高兴，《系统思维163法则》是吴群学先生多年研究成果的集大成之作，不仅展现了其深厚的学术积累，也体现了吴先生独特的学术见解和前瞻性思考。《系统思维163法则》的出版将使"吴群学163法则"建立的、受到客户广泛盛赞、被誉为"东方智慧"的培训163模式体系在中国培训界形成独特的培训结构化优势效果得到更进一步的飞跃。

祝贺吴先生，感谢吴先生，为中国培训界所作的贡献。

——国网青海省电力公司培训中心　马启春

系统思维能够使原则性与灵活性有机结合起来，立足整体和全局，客观全面准确地认识和分析问题，在变与不变中把握事物发展的内在规律，最终彻底地解决问题。

——华能集团安徽分公司　袁勃

高尔基曾说过，书是人类进步的阶梯，读好书可以使你进步更快。《系统思维163法则》是吴群学先生历经二十年深入研究和管理咨询培训的实践基础上，以东方三元思维模式创立的法则。此法则有两个作用：一是解决问题采用系统性思维。在企业管理中遇到问题，我们解决不能"脚疼医脚、头痛医头"，而是分析问题产生的原因，问题可能产生的影响，如何避免问题造成的影响，解决问题有哪些方案，最优方案是哪个，解决方案中我们需要付出怎样的代价……，综合以上分析做出最优决断。这套系统思维与企业管理中的闭环管理不谋而合，其主要思想和理论有宏观性、开放性、有机性、组织性、持续性。二是解决问题体现了结构化的模式，形成管理规范，易于推广。在企业培训管理中基于其法则形成的培训课程开发技巧，使系统思维163法则在培训界形成培训结构化的效果，引导更多的企业开发优质的培训课程，使更多的学员受益。

我们处于社会快速进步的时代，机会与挑战时刻并存，变化不断、挑战不止，面对变化莫测的未来，我们需要学习《系统思维163法则》，法则的根本作用就是应对变化，从历史的发展中总结规律，提高认知。在面对挑战时，面对不确定性时，运用系统性思维，彻底解决问题，在人生成长中做出正确的选择，实现美好的人生。

——托克托发电公司　陈秀军

序 言 1

中国人民大学文化产业研究院执行院长 曾繁文

作为孵化器业务的实际运营者和国家级科技企业孵化器的评审专家，我有幸见证并参与了众多创新企业的成长历程。在此，特为吴群学先生的《系统思维163法则》一书作序，同时对海轩集团在发展文化产业中所取得的成就表示由衷的敬意。

系统思维无疑是21世纪企业发展的重要指导原则，它对于企业的可持续发展起到了至关重要的作用。系统思维着重强调整体性、关联性和动态性这三个基本特征，这种思维方式要求我们在分析和解决问题时，不能仅仅关注局部，而是要将整个系统纳入考虑范围，深入挖掘各个部分之间的内在联系和相互作用。正是这种全面、深入的把握，使得系统思维成为企业在复杂环境中做出明智决策的有效工具。

令人欣喜的是，系统思维的理念与科技企业孵化器的核心理念有着高度的契合之处。科技企业孵化器旨在为初创企业提供全方位的支持，帮助它们在激烈的市场竞争中脱颖而出。在这个过程中，孵化器需要关注企业的各个方面，包括技术创新、市场拓展、团队建设等，而这些方面的相互影响和互动关系也是不可忽视的。因此，采用系统思维的方式来分析和处理这些问题，不仅有助于提高孵化器的管理效率，还能为企业提供更优质的服务，助力它们在市场中稳步发展。

吴群学先生的力作《系统思维163法则》以通俗易懂的语言，深刻地阐释了系统思维的精髓。他将复杂的系统科学理论巧妙地转化为易于理解和应用的实践工具，为企业家和管理者提供了行动指南。这本书不仅仅是一本理论著作，更是一份实践指南，对于那些希望在复杂环境中找到解决之道的人来说，它无疑是一笔宝贵的财富。通过学习这本书中的系统思维163法则，企业家和管理者可以更好地理解系统思维的本质，掌握如何在实际工作中运用系统思维，以实现企业的长期稳定发展。这本书无论是对于那些希望在自己的职业生涯中取得成功的人来说，还是对于那些希望在自己的社会生活中获得幸福的人来讲，都是一份难得的资源，它呈现的163模型更具有东方智慧之光。

吴群学先生所创立的海轩集团，堪称一个运用163法则的孵化典范。这家集团将文化和科技进行了完美融合，形成了一家创新型企业。其成功秘诀在于，巧妙地运用了系统思维163法则，打破了传统的产业发展模式。在海轩集团的发展过程中，他们不仅重视文化内容的创新，更懂得如何运用科技手段，提升文化产品的附加值。他们实现了文化与科技的深度融合，为文化产业的发展注入了新的活力。这种"文化+科技"的创新模式，使得海轩集团在文化产业中独树一帜，成为行业的领军企业。他们不仅引领着行业的发展方向，也为其他企业树立了榜样。海轩集团的成功，得益于吴群学先生的远见卓识，以及他对163法则的深入感悟和运用。

我很欣慰地看到，海轩集团以开放包容的心态，海纳百川，气宇轩昂，积极接纳和引领行业新思想。他们坚信，只有站在时代的前沿，才能不断推动行业的创新与发展。因此，海轩集团积极拥抱科技力量，将其作为创新的重要驱动力，以数字化转型为契机，全面变革企业发展。通过科技与文化的深度融合，海轩集团成功打造出海轩云平台一系列富有创意和独特价值的文化产品与服务，其自主研发的海轩云平台S2B2C，包括软件系统海轩云课堂、云品宣、云办公及硬件云智屏，获9项专利、134个知识产权、15个软件著作权。其数字内容也是唯一"163法则"设计的课程体系，服务2万多家企业、300万学员，涵盖电力、乡村振兴、制造等行业系统人才培养，更好地满足市场和消费者对于高品质文化体验的需求。

我与吴群学先生交谈中获悉，海轩集团还注重从系统的视角整合各类资源，以实现资源的最优配置和价值最大化。这种系统思维不仅体现在公司内部的管理和运营中，也体现在与外部合作伙伴的互动中。通过搭建合作平台，海轩集团成功汇聚了行业内的优秀人才、前沿技术，以及丰富的资本资源，形成了一个互利共赢的生态系统。

由此，无论是从经济效益，还是社会影响力来看，海轩集团都展现出了强大的生命力和影响力。其成功的背后，正是源于公司对系统思维163法则的自觉运用与坚守，以及对市场、技术、人才、资本等多个方面的全面考量。我们完全有理由相信，在未来的发展中，海轩集团将继续保持这一优势，继续坚持以文化和科技为核心，不断创新，推动文化产业的发展，为推动我国文化创意产业的发展作出更大的贡献。

总之，《系统思维163法则》的出版，为我们提供了一种强大的理论武器，帮助我们应对复杂多变的商业环境，寻找成功的道路。而海轩集团作为一个生动的案例，充分展示了这一法则在实际运营中的巨大威力。我坚信，无论是对那些正在寻找突破口的创业者，还是对那些已经在行业中取得优异成绩的企业来说，这本书都将带来深远的启示和无穷的灵感。

在这里，我衷心希望更多的公司和个体能够从中得到红利，运用系统性的163法则的思考方式，推动科技创新的发展，为我国的文化创意产业带来更为蓬勃的生命力，共同绘制出一幅更为兴旺的产业蓝图。我期待着，通过这种方式，我们能够将我国的文创产业推向一个新的高度，让更多的人认识到文创产业的价值，感受到科技创新带来的魅力。

曾繁文，中国人民大学文化产业研究院执行院长。长期参与国家级文化产业示范园区、国家级旅游度假区、国家对外文化贸易基地、国家文化产业示范基地、国家文化出口基地、国家级大学科技园、国家级科技企业孵化器、国家级众创空间等国家级品牌的标准制定或评审工作，参与文化产业相关国家政策的研究与制定工作。兼任安徽省数字创意产业专家咨询委员会主任、山东省文旅产业顾问、河北省文旅产业顾问、广州市文旅产业顾问、呼伦贝尔市文旅产业顾问等职。主持国家部委文化产业政策研究课题50余项，地方文化产业发展研究课题50余项。

序　言 2

"系统思维163法则"是由吴群学先生在深入研究和实践的基础上，结合东方思维，对"二八法则"进行创新和升华所得出的独特结论。

本书作者坚信，在人生的海洋中，每个人都扮演着渔夫的角色。为了捕获更多的鱼，人们往往选择捷径，并设法避免潜在的风险。然而，遵循道、法、术、器的智慧，才能真正成为高效能的渔夫管理者。

道：是方向、是规律、是法则、是本质；

法：是方法、是技巧、是本领、是对策；

术：是方略、是手段、是计谋、是原则；

器：是方式、是工具、是资源、是制度。

本书分四篇十九章，从概论、内涵、运用等方面全面系统解读"系统思维163法则"，概括而言，这是应对变化的系统思维结构化设计。

——**"系统思维163法则"的根本作用就是把握整体，应对变化**。在巨变的时代里，变化，成为一种常态；而应对变化，越来越成为一个人及所有机构组织的关键生存能力，这种能力就是顺其规律。

——**"系统思维163法则"的广泛作用就是明确重点，解决问题**。这是由系统观念形成的成套系列办法，符合在企业管理中的一种叫闭环管理的系统概念，其主要思想和理论有宏观性、开放性、有机性、组织性、持续性。

——**"系统思维163法则"的应有作用就是协调推进，规范标准**。基于其法则结构化设计原理形成的培训课程标准开发技巧，由此建立了培训"163模式"体系。

"系统思维 163 法则"经过 20 年的实践，以无以计数的"163 模式"课程推出，详细见附录。

实践证明，"163 法则"是符合中国国情的本土化科学思维工具，必将成为中国人未来学习、工作、生活的普世价值法则，为大家带来领先一步的、现代应对变化的 163 系统思维结构化设计。

如下示例：

坚守一个理念——

决定一个人高度的，就是把一件事情做到极致的能力。

实施六大举措——

在慌乱中镇定心思；

在怀疑中专心致志；

在犹豫中坚持不懈；

在平凡中高标自己；

在勤奋中追求精湛；

在努力中飞黄腾达。

成就三"家"结果——

复杂的事情简单做，你就是专家；

简单的事情重复做，你就是行家；

重复的事情用心做，你就是赢家。

——吴群学

（中国培训师研究院专家顾问）

2023 年 11 月 11 日于合肥一水香绿色文化庄园

目　录
CONTENTS

序　言 ··· 1

第一篇　道——顿悟启用　　　　　　　　　　　　　　　1
第一章　发现奥妙规律 ·· 2
第二章　解析蕴含数理 ·· 7
第三章　比对二八法则 ··· 13
第四章　找准权重比例 ··· 18
第五章　作用如影随形 ··· 23

第二篇　法——创新功用　　　　　　　　　　　　　　29
第六章　传道规划"1"方向 ·································· 30
第七章　授业计划"6"方法 ·································· 36
第八章　解惑谋划"3"方略 ·································· 42
第九章　正确认知"163"辩证关系 ······················· 47

第三篇　术——管理实用　　　　　　　　　　　　　　53
第 十 章　163战略决胜术 ···································· 54
第十一章　163文化取胜术 ···································· 62
第十二章　163盈利速胜术 ···································· 70

第十三章　163 运营制胜术 ·· 79
第十四章　163 技术竞胜术 ·· 85

第四篇　器——人生应用 91

第十五章　家庭的亲情生活 163 法则 ································· 92
第十六章　职场的岗位工作 163 法则 ································· 106
第十七章　社会的人际关系 163 法则 ································· 118
第十八章　自己的身心健康 163 法则 ································· 127
第十九章　灵魂的高光时刻 163 法则 ································· 138

后　　记 ·· 148

附录　"吴群学洞察"栏目精要文抄 ·· 149

参考文献 ·· 217

第一篇

道——顿悟启用

> 有物必有则。
>
> ——〔北宋〕程颐

"道可顿悟,事须渐修。""顿悟"代表智慧,"渐修"则象征实践。"系统思维163法则"便是一种顿悟的体现,同时也是实践的结晶。世间法则繁多,可谓数不胜数,通常包括法度、规范、规则、规定、规律、准则、定理、定律、效应、现象、方法、办法等,旨在解决各种问题。然而,问题层出不穷,对法则的发现与认知的顿悟与渐修亦无止境。

第一章　发现奥妙规律

（一）偶然难得的洞见

"163"几个数字的排列已然家喻户晓，这是与信息时代的发展有直接关系的。也许只是一个偶然萌发的数字代码，如名字符号一样，没什么实际说词解释，曾经网易公司创始人丁磊抢注域名时也没有发现这三个数字内含的数理法则意义，总认为简单、顺嘴、好叫、易记。但是，除却网络代码的标识作用，赋予"163"几个数字内涵意义并使之成为媲美"二八法则"的却是在管理实践中特别是在培训思考中发现的，尽管经过2004年至2014年的10年验证，系统思维163法则已申请并获得了中国版权保护中心认证（国作登字-2014-A-00149436），然而，我们还是客观地认为："163"不是发明。正如中国的古老智慧"八卦""五行"一样，其来源虽有各种说法，可都是对自然规律的认知，这种认知都不是发明，而是发现。

有首诗很讨人喜欢，其中最亮眼的诗句就是："你见，或者不见，我就在那里，不悲不喜"……规律，本身就是如此，附体于大自然中的任何事物，你看到没看到都在那里。

所谓规律，是指事物之间相互联系和变化的一种规则性，指事物本身所固有的、本质的、必然的、稳定的联系。

规律具有客观性和普遍性两个特点——

客观性就是不以人的意志为转移的,规律不能被创造,也不能被消灭,它并不是人们主观想象的东西,它是事实,是真实存在的。

普遍性是指普遍适用的,它不仅仅适用于某一种事物,而是适用于所有类型的事物,它不局限于某一个时间和地点,它是永恒不变的。自然界、人类社会、人的思维等及其运动变化和发展都是有规律的。

这两个原理是规律的核心内容,是规律的基础和依据。通过客观性和普遍性的原理,我们可以深刻理解规律的本质和意义,并运用规律来指导实践和改善现状。

在科学研究中,规律是探索事物及其变化的重要依据。通过对规律的深入研究,我们可以推导出各种定律和理论,为人类了解和掌握自然界奠定基础。此外,规律还可以用于指导实践,帮助人们预测未来的发展趋势,并为决策提供参考。

总之,规律是事物发展变化的内在法则,它具有重要的科学意义和现实意义。通过规律,我们可以更好地理解和掌握自然界,为人类的发展和进步作出贡献。所以,我们必须遵循规律,按客观规律办事,而不能违背规律。否则,就会受到规律的惩罚。

我们常常说"透过现象看本质",本质和规律是同等程度的概念,都是指事物本身所固有的、深藏于表象背后并决定或支配我们看得到的事物各方面。然而本质是指事物的内部联系,由事物的内部关系所构成,而规律则是就事物的发展过程而言,指同一类现象的本质关系或本质之间的稳定联系,它是千变万化的现象世界的相对静止的内容。规律是反复起作用的,只要具备必要的条件,合乎规律的现象就必然重复出现。所以,人们对各种规律的认知,都是发现。

(二)人体比例的启发

智慧的生命,一定都有结构的美感。从解剖学来讲,人体有各类结构中无数待解的数字。而古今美术家也注意了人体比例的美学元素,特别是科学家将这一元素计算出来,就是将整体一分为二,较大部分与整体部分的比值

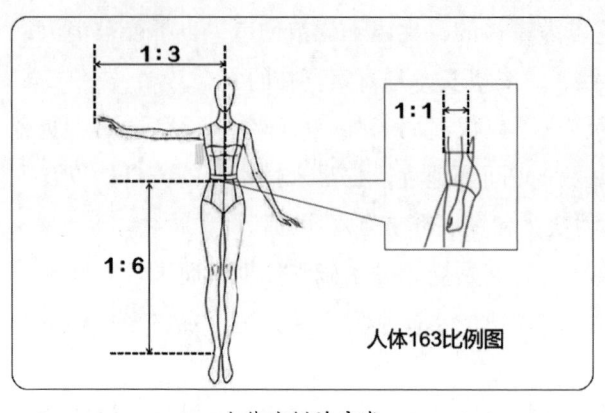

人体比例的启发

等于较小部分与较大部分的比值，其比值约为0.618，这个比例被公认为是最能体现美感的比例，按照这个比例设计的任何造型都会十分美丽，因此称为黄金比例。

我们也可以从人体结构寻觅管理的规律秘籍。即"一个人体分为三个部分，头部、躯干、四肢"。在这三个部位中，躯干上面有一个肚脐，肚脐就是人的黄金分割点。比较美的人体结构，若把肚脐到背部的距离定位单位1；则肚脐到人的脚跟距离约为6；肚脐到人手臂最长的手指距离约为3。综上，肚脐到背部、脚跟、手臂最长的手指的距离比例为1:6:3。

（三）古老智慧的传播

人类几千年，其智慧如星，浩瀚无垠。但有些却很难传播，就因为不生动、不形象、不易理解。比如"九型人格"，最早起源于古代中亚地区，至少有2500年的历史，

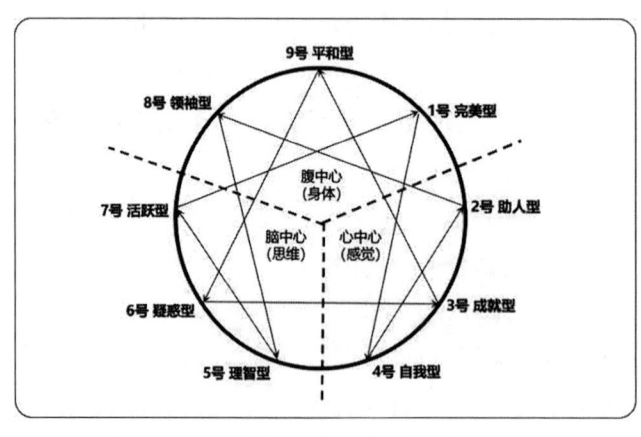

古老智慧的传播

它的名称由希腊文"Ennea"（九）和"Gram"（图）组成，被称为"九柱图"，也叫"九芒星图"。关于"九柱图"符号体系的原作者已经不详，在20世纪以前的漫长岁月里，"九

型人格"都没有进入主流社会，只在一些神秘团体中传播。"《易经》八卦"到目前也是少数人的智慧，而"阴阳五行"却一直在中国民间广泛传播并且应用。

《黄帝内经》中提出"法于阴阳，和于术数"正是来源于中华文明宝库。中国古人仰观、俯察，取类比象，将自然界中各种对立又相连的现象，如天地、日月、昼夜、寒暑、男女、上下等抽象归纳出"阴阳"的概念，并绘之以图，一目了然。成为简朴而博大的中国古代哲学，"阴阳"一词代表了很多的意思和道理，简单笼统分为：阴阳统一，阴阳对立，阴阳相冲，阴阳转化。

阴阳图

"五行"就更有趣味，包含着阴阳演变过程的五种基本动态：金（代表敛聚）、木（代表生长）、水（代表浸润）、火（代表破灭）、土（代表融合）。中国古代哲学家用五行理论来说明世界万物的形成及其相互关系。它强调整体，旨在描述事物的运动形式以及转化关系。"五行"是中国古人认识世界的基本方式，广泛运用于中医、堪舆、命理、相术和占卜等方面。可以

金木水火土五行图

这样说，阴阳是古代的对立统一学说，五行是原始的系统论。

我们今天的发现，是有其特定形象感的，如果能揭开数字给我们的启示，就为人类认知世界提供了新的方法。

（四）形象比喻的含义

眼界决定境界，思路就是出路。西方世界有个"二八法则"，是一种思路，被广泛应用于社会学及企业管理学等。此法则是 19 世纪末 20 世纪初意大利经济学家帕累托发现的。他认为，在任何一组东西中，最重要的只占其中一小部分，约 20%；其余 80% 尽管是多数，却是次要的。然而，次要的不等于

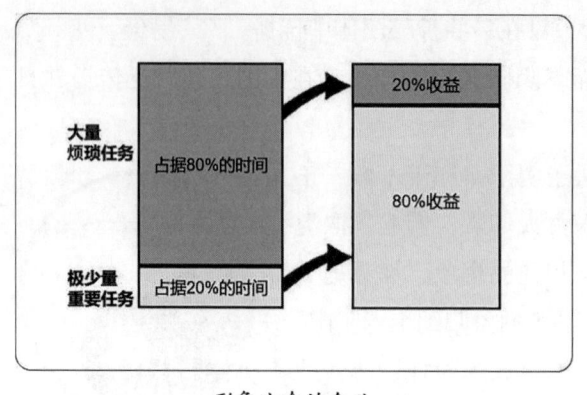

形象比喻的含义

不要，受此启发，按照"163"管理工作比例的新思路分解，或许能够弥补"二八法则"在管理上出现的误区。

管理从"1"而言，是人的主躯干，是支撑人手脚的气力心法；从"6"来看，是人的腿脚，是人行走的主要的功力足劲；而"3"就是人的手臂，是落实一切工作的强力手段。"163"规律上的这一认知又可扩展或叫延伸为法则、模式、系统……

法则，有三层含义：一是规律，即自然的法则，限于人类的认知程度，包括已知的和未知的潜在规律。二是指法度、规范。三是指方法、办法。"163法则"，是经过大量的调研与应用，在"二八法则"的基础上得出一个东方思维式创造性的结论：1∶6∶3。模式，指某种事物的标准样式或让人可以仿效学习的标准样式。

依据"163法则"建立的"163模式"，在中国培训界形成独特的培训结构化优势。

系统，意为由各个部分组成的一个整体。系统有边界、系统有结构、系统有层级、系统有次序。由"163法则"统领下形成的"163系统"，其主要思想和理论有宏观性、开放性、有机性、组织性、持续性。我们常常在企业管理、日常生活等过程中遇到各种各样的问题，如何处理？这其实是一个系统思维及系统解决问题的过程，包括问题的发现、问题的分析，最后到问题的解决。发现问题是能力，分析问题是实力，解决问题是魄力。那么什么是问题呢？问题就是标准与现状之间的差距。解决问题要从人员、机器、燃料、环境、方法、信息等综合去思考分析，这就是一个"163法则"下的系统思维、系统模型、系统工具的综合应用。

第二章 解析蕴含数理

（一）数理思维的概念

"数理思维"就是用数理思考问题和解决问题的思维活动形式，也就是用数理的观点去思考和解决学习、生活、工作中问题的能力。

"数理"在易学中有"世间万事万物皆有数"的含义。"数"既描述了一切物体从发生到覆灭的发展过程，也描述了预测所用的方法，如大衍之数等。而"理"就是指道理——天地、人生的大道理。

在中国占卜文化中，"数理思维"应用最为广泛。

数——气数、定数，此数乃信息盈亏、吉凶祸福之数，表结果。如成数、败数、时间之数、吉凶之数等。观象知数，数由心生，是一种心念上的运筹与操作。数的准确程度跟接收到的信息多寡、虚实有关。

理——道理，指本质、规律、法则，是指看不见且长久不变的内部核心与根本。

思维——指的是人脑对客观现实的概括和间接反映，属于人脑的基本活动形式。

"数理思维"也可以说是现代科学思维的标准模式。其

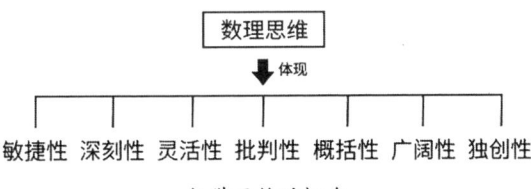

数学思维的概念

重要性主要是体现思维的敏捷性、深刻性、灵活性、批判性、概括性、广阔性以及独创性等。

敏捷性表现在一个"快"字上。这种快主要体现在两个方面：其一，多方面开拓思维点，加快思维启动速度；其二，力求缩短思维过程，迅速获得思维产品。数理思维的敏捷性给我们一个启示：当你遇到很难解决的问题时，不妨从"163"三层结构方面去思考问题，找到解决问题的最优答案。

深刻性就是在分析涉及"163"即主导意识、基本手段和基本原则问题的过程中，能探索所研究问题的实质及与现实之间的相互联系。而数理思维正告诉我们了解各种问题之间的内在联系，以及在现实中的运用。只有你能够真正掌握了事物的实际，你才能够说真正地了解了事物的属性，避免只是看现象而毫无收获，要透过现象看本质。

灵活性表现在能从已知因素中发现新的因素，并能够随条件的变动决定思考方向。灵活性具体体现在两个方面：一是数理思维的起点与方向灵活，即能从不同的角度、不同的方面，用多种方法来思考问题；二是思维过程灵活，即能自觉运用多种法则和规律。在数理思维中，思考问题经常多种模式化和已知、预知、未知三方面相互联系。

批判性主要体现在课程研发及培训方法的检验，通过检验可以发现推理的矛盾及运算错误，并予以纠正。正是数理思维的批判性使我们对未知的大胆探索，解决更多的未知的问题，推动社会不断向前发展。

概括性就是表示庞大的系统，对解决具体问题的过程的概括和提炼，给我们展示很好的概括性，而且这种概括是多层次的。

广阔性主要是不依常规，寻求变异，一题多解，从多角度、多方向思考问题以寻求解决问题的答案。其广阔性不光体现在解决问题的方法的多样性，还有它应用的广泛性。

独创性意义在于主动地、独创地发现新问题、提出新见解、解决新问题。独创性与概括性并不是相互矛盾，它使我们在思维方式上摆脱僵化模式，从而有效激发创造性火花。而批判性正是独创性的有力保证。

（二）约等数比的明理

"163法则"可以为大家带来新的思维模式。

首先要强调的是，"163法则"这个比例也只是大约数，不是精准计算所得。就像"二八法则"一样，没有一种存在现象可以精准测算出20%及80%，都只是象征说明比例的倾向性数字而已。

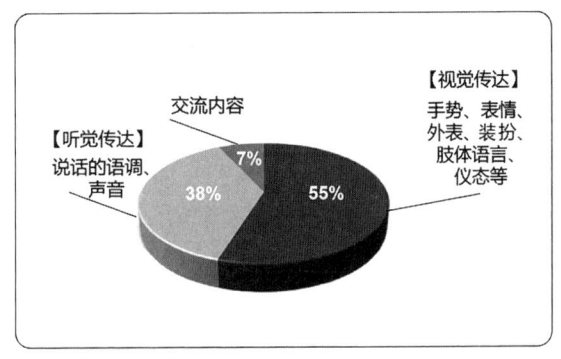

约等数比的明理

如"7∶38∶55法则"是心理学教授艾伯特·麦拉宾（Albert Mehrabian）在70年代，经过10年的一系列研究，分析口头和非口头信息的相对重要性得出的结论。这种笼统的概述来源，不过是说明法则的科学严谨性，事实上依据不同层次、不同人数、不同性别、不同性格、不同地域的抽样调查，所得比例也不同，但大体比例数相近，这个法则是沟通定律，就是在人们进行语言交流的时候，55%的信息是通过视觉传达的，如手势、表情、外表、装扮、肢体语言、仪态等；38%的信息是通过听觉传达，如说话的语调、声音的抑扬顿挫等；剩下只有7%来自纯粹的语言表达的内容。这个"7∶38∶55法则"看上去，很接近"163法则"的比例数。

还有一个问题，为什么不是"136"或者"613"？这个问题的解答还是从思维结构上来看，人们要寻找办法，就要考虑"为什么"，即要思路指引，掌握主导意识；二就要考虑"做什么"或"如何做"，即要做的事情或解决问题的术器功法，掌握基本手段；三就要考虑"成什么"，即谋划布局，掌握保证原则和体系。这种结构只能

二八法则和163法则

是两头小而中间大，最形象的莫过于中国青花瓷花瓶，现今市面上很多酒瓶也是如此设计。相比较西方的红酒瓶，更像"二八法则"。因此，"163"的排列，不仅有逻辑关系，更有美感。

依据"163法则"，无论对人和事，都可以进入数理思维系统，更易于构建思维模型。说明还是以"青花瓷酒瓶"作为"163"的形式模型，更容易理解。"瓶嘴"就是一条意识主线，是表达一种态度、观点、看法、主张、见识、概念、观念、主见、意见、见地、见解等理念思想；"瓶身"就是六个最基本方法，主要是传导实用实效的技术、技法、技巧、技能等招数工具；"瓶底"就是三个支撑点，或平台，或原则，或要求，或成果。

（三）数理内涵的意义

汉字是最富有神韵的符号，最切合自然法则的自然体，它不同于其他语言文字的最大区别就在于包容了整个自然界的生命规律现象，人类秘不可宣的生命密码将会在这里得到启迪。"163"的汉语数字都有其各自内涵的意义，梳理出这些内涵，为理解"163"打开了"脑洞"。

"1"汉字写法为"一"。这是汉语一级通用汉字（常用字），读作yī。此字最早见于商代甲骨文及商代金文，其本义为最小的原始单位，最小的正整数，后引申为相同的、无二致的、整体的、全部的、整个的、所有的等。甲骨文的"一"是特殊指示字，抽象符号"一"既代表最为简单的起源，也代表最为丰富的混沌整体。

汉语成语有"一心一意"，即只有一个心眼儿，没有别的考虑。出自《三国志·魏志·杜恕传》："免为庶人，徙章武郡，是岁嘉平元年。"裴松之注引《杜氏新书》："故推一心，任一意，直而行之耳。"

汉语成语有"一诺千金"，即形容诺言的信用极高。其近义词为"一言为定"。出自《史记·季布栾布列传》："得黄金百斤，不如得季布一诺。"

"6"汉字写法为"六"。这是汉语一级通用汉字（常用字），读作liù，最早见于甲骨文。象形字，像结构简陋的棚屋之形。其本义当为草庐，是"庐"的初文。"庐"和"六"古音相近，所以假借为数词"六"。《易》

卦之阴爻称为六。

汉语成语有"六合之内",即天地,东西南北,或称上下和四方,泛指天下或宇宙。出自《庄子·齐物论》的"六合之外,圣人存而不论;六合之内,圣人论而不存"之句。合,含有联系、关联、影响、作用的意思。从一个点出发,有六个方位的选择;每两个方位的交点作为中心点,又有其六个方位的选择……六合,是对宇宙万物相互关联节点的最优化定义:古代有三阴三阳六爻,用以解释万物之间的关系;现代有六度分割法,说明万物之间最少只需六个节点便可连接。六合是中国的一种哲学概念,六合思想的核心为天下规律。知六合者知天下。

汉语成语有"六出奇计",原指陈平所出的六条妙计;后泛指出奇制胜的谋略。出自《史记·陈丞相世家》。

"3"汉字写法为"三"。这是汉语一级通用汉字(常用字),读作 sān。此字始见于商代甲骨文,由三横组成,每横都是表数符号。

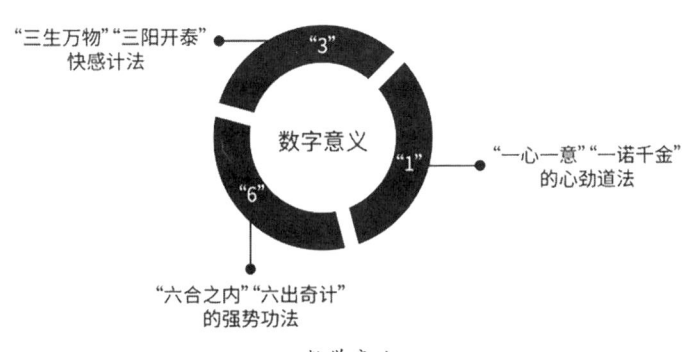

数学意义

三本义是数目的名称,是二和四之间的整数,又表示序数第三。由此又引申表示多次或多数,是中国古代思想家用以称天地气合而生万物的和气。我们知道,三角形是自然界中最稳定的结构。除此之外,我们对这个世界的认知分为三观:世界观、人生观、价值观;我们所处的空间是由长、宽、高构成的三维空间,我们都要面对的三大哲学问题:你是谁?你从哪里来?你要到哪里去?以及我们每天的三大困惑:早餐吃什么?午餐吃什么?晚餐吃什么?我们人脸的五官分布基本是个三角形……"三",无处不在。

老子说:"道生一,一生二,二生三,三生万物。"道指能生万物的绝对精神,精神是无形无相的。一是指物质的最初状态,还未有对立之分。二是指物质有了对立,即有了阴阳之分。三是说在阴阳两种因素外,又有了中性的气体即冲气。由于阴阳比例不同，所以能形成万物。

汉语成语有"三阳开泰"，三阳：《易经》以十一月为复卦，一阳生于下；十二月为临卦，二阳生于下；正月为泰卦，三阳生于下。指冬去春来，阴消阳长，是吉利的象征。后做新年开始时的祝福语。出自《易·泰》："泰，小往大来，吉亨。"《宋史·乐志》："三阳交泰，日新唯良。"

第三章　比对二八法则

（一）思维方式的差异

　　思维方式是人类在认识过程中形成的带有一定普遍性和稳定性的思维结构模式和思维程序，它是思维规律和思维方法的统一结合形式。西方人擅长二元思维，东方人习惯三元思维。各自有各自的优势长项，各自有各自的局限。

　　"二八法则"是一名意大利经济学家在从事经济学研究时，偶然发现19世纪英国人的财富和收益模式，是采用二元思维模式创立的。所谓二元思维是具有双向度的收敛性的思维模式，也叫矛盾思维、对立思维，表现为横向与纵向的双向发展。从层面上来说，它具备开阔性、敏锐性和网络性的特点。思维也是人类分析事物时发现事物都具有两面性，因此，有时候也把这个世界叫作二元世界，科学家也认为二进制才是基本的逻辑推理算法，因此发明了电脑，以模拟人类的思考逻辑，时至今日，电脑的发展已经可以比拟人脑了。二元思维的优势就在于可以抓取一个面存在的联系，去思考分析。二元思维模式是理想型的，属于人为规定的状态，是为了便于人与人之间的交流。既然是人为规定的，就不是自然规律，到了应用实践的时候自然就会出现问题。二八法则就存在如下问题：一是比例的尴尬，任何事物都不是简单的两个比例所能概括的；二是启示的尴尬，抓重要的事情无可厚非，但次要的事情不能不抓，而从实践上来看，今天次要的事情也可能逆转为重要的事情，甚至

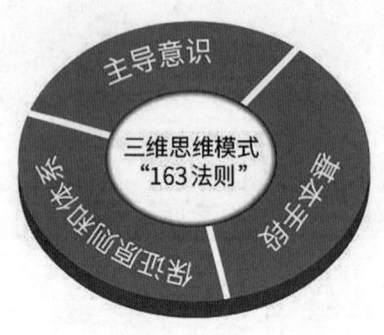

三位思维模式"163"法则

会带来新的效益增长点；三是分类的尴尬，严格意义来讲，凡事都是三六九等，不可能非黑即白，老子说过："道生一，一生二，二生三，三生万物"，也就是说，万事万物通归为三。

"163法则"是运用三元思维而建立的法则。三元思维是在二元思维体系中，在限制条件不变的前提下，加入一个或一组中间元素。中间元素并不是对对立元素的简单拼装，而是具有对立元素不具备的特殊性质。中间元素既可以是具体而稳定的，也可以是概念化的、变化的。三元思维可以打破空间的限制，跳到其他的层面去思考另外可能存在的关系，弥补二元思维局限性。让认知跳出两点一线的限制，能从上下左右、四面八方去思考问题，明显来说，这种思维模式更加的深刻，思维面更加的广阔，让我们的认知更加的全面。三元思维模式是符合自然规律的，懂得使用三元思维模式是人成熟的标志。一天除了白天和黑夜之外，还有白与黑、黑与白转换的那一段灰色。热与寒之间还有温的存在。《说文解字》云："三，天地人之道也。"天为阳、地为阴、人为气。传统中医非常注重"三"，调理阴阳平衡，气交平和。常言道："天有三宝，日、月、星；地有三宝，水、火、风；人有三宝，精、气、神；会用三宝，天地通。""163法则"正是运用三元思维模式结构而成，一是主导意识，人的行为是受自己的意识左右的，要做好一件事情，先要解决意识问题，即要增强思想意识，确定行为理念；二是基本手段，也就是方法，解决任何问题，无非要有系统思维，系统就是一件事的几个面都要顾及，至少六个方面——上下左右前后；三是保证原则和体系，也就是要按照我们的主导意识，实施有效的基本手段，就是要有支撑保证的根基。

（二）法则原理的应用

"163法则"VS"二八管理法则"：企业主要抓好20%的骨干力量的管理，

再以20%的少数骨干力量带动80%的多数员工，以提高企业效率。

从企业管理的角度讲，"二八法则"实际侧重的是"榜样的力量"。做企业的都知道，企业80%的效益是由20%的骨干员工来完成的。这20%的骨干员工在企业中是顶梁柱，也是"鳗鱼效应"的主体，通过他们

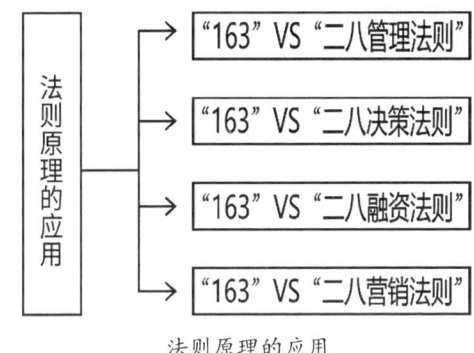

法则原理的应用

积极主动的工作与活动，来带动整个团队的活力，从而为整个企业创造价值。

事实上，任何企业大致有三种人：比较积极的、中间状态的和比较后进的。在三种人中，约等于"163模式"，比较积极的占10%、后进的只占30%，大部分人占60%。做人的工作，需要发动10%的积极分子去带动60%的中间分子，调动60%的中间分子去影响30%的后进分子，最终带动集体去实现组织目标。这种工作办法被称之为"抓两头，带中间"。

——"163法则"VS"二八决策法则"。抓住企业普遍问题中的最关键性的问题进行决策，以达到纲举目张的效果。

从企业决策的角度来讲，"二八法则"主要侧重于抓典型、抓关键问题进行有效、正确的决策。企业的运行过程中，几乎每天都有很多问题需要决策，但是能够左右企业的发展方向和企业成败关键问题的只有关键

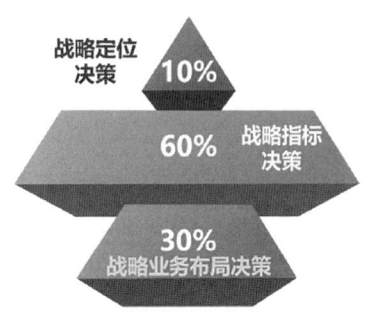

战略定位决策

的几个，能够善于认清"关键问题"，进行正确的"关键决策"，无疑会影响整个企业的发展。我们经常会说这样一句话："人生之路遥远漫长，但是关键的也就是几步能够影响你一生的命运。"因此，抓住企业的关键问题进行正确的决策就像走好人生关键的几步一样重要。

从"163法则"来说，抓住企业普遍问题中的最关键性的问题进行决策，这是必需的。但也要注意决策布局的步骤，10%战略定位决策，60%战略指标决策，30%战略业务布局决策，使决策能够落地。决策不是简单地选择做

与不做，也不是确定一个方向就万事大吉，更多的是要考虑可行性、考虑如何实现、考虑战略战术。

——"163法则"VS"二八融资法则"。管理者要将有限的资金投入到经营的重点项目，以此不断优化资金投向，提高资金使用效率。

"二八法则"在企业资金运作中主要体现在：将有限的资金和资源，投放到关键的项目，也就是优化投资结构、加快企业资金的周转和利用率。现代化企业拼的是速度，"以速度冲击规模"是现代企业所倡导的全新理念。当你在一味地抱怨自己企业资金不足的时候，早已经有很多企业家把眼光放在了提高资金周转速度、提高资金利用率上了。

"163法则"对于企业的融资，简单而言，就是"不能把鸡蛋放在一个篮子里"。企业的血液就是现金流。作为企业日常经营管理活动中非常重要的一个环节，现金流的好坏对企业来说至关重要。企业的倒闭有很多并不是由于技术、业务和盈利能力出现了问题，而是没能在日常的经营活动中营造现金资源的生态环境，造成没有充足的现金用于日常经营和开支。企业一定不要把所有的资本都投入到一件事情上，应该做多手准备。投资比例结构建议为：10%考虑技术创新或新产品投资，60%考虑市场导向较好的正在运作的生产管理与经营，30%考虑多元化投资（以事业部机制运行）。

——"163法则"VS"二八营销法则"。经营者要抓住20%的重点商品与重点用户，渗透营销，牵一发而动全身。

"二八法则"在营销环节中，主要体现为两个方面：一是重点产品；二是重点客户。即企业80%的销售是由20%的重点商品完成的；企业80%的销量是由20%的核心客户完成的。

在营销方面，"163法则"注重"一个都不能少"，当然也是有重点的，10%的重点产品和客户要"VIP"对待，60%的次重点产品和客户要二次开发，30%的非重点产品和客户要注意维护，特别是客户线不能断。让客户说好不容易，让客户说不好很容易，你只要"势利"一点，就有可能把未来可能成为客户的人拒之门外。

在如今信息时代，互联网改变着人们的认知，"长尾理论"指出，只要产品的存储和流通的渠道足够大，需求不旺或销量不佳的产品所共同占据的

- 16 -

市场份额可以和那些少数热销产品所占据的市场份额相匹敌甚至更大，即众多小市场汇聚成可产生与主流相匹敌的市场能量。也就是说，企业的销售量不在于传统需求曲线上那个代表"畅销商品"的头部，而是那条代表"冷门商品"经常为人遗忘的长尾。

由此，"二八法则"与"163法则"并不是要分出个高下。"二八法则"其实是一个大方向上普遍的真理，而"163法则"就是找寻突破口的一个世界观和方法论。甚至可以说，"163法则"是"二八法则"细化管理、决策、融资、营销等角度的体现。两者是统一的，并不冲突。

第四章　找准权重比例

（一）本质原理的运用

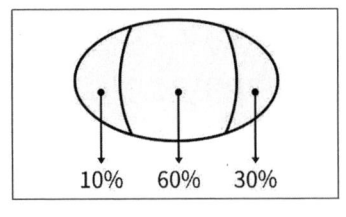

木质原理的运用百分比

"163法则"的本质原理是揭开了世界的常态常理，有句名言说得好："除了沙漠，凡有人群的地方，都有左、中、右，一万年以后还会是这样。"这个名言说了一种现象，在没有"163法则"之前，我们知道左、中、右就是两头小、中间大的橄榄形。而小到什么程度？大到什么程度？"163法则"可以定位：左占10%、中占60%、右占30%。我们看到，任何团队中，在未做疏导工作之前的自然状态，一定是积极的为少数人，不积极的也是少数人，但会比积极的略多一点，说白了，就如"163法则"定位比例。由此，左、中、右的比例数是否精准不重要，重要的是"163法则"告诉我们人群状态的基本规律，要做好人的管理工作，就要把重心引导放在10%上，重要工作放在60%上，重点措施放在30%上。

还有一个在中国话语形式中经常听到的一句话——"一问三不知"。那么，什么是"三不知"呢？著名文化学者邓拓就曾在《燕山夜话》的《变三不知为三知》一文中写道：

"三不知"这个成语已经流传很久了，历来却很少有人注意去查究这个成语的来源。到了明代，有一位不太知名的学者，江宁人姚福，在他所著的《青溪暇笔》这部书里，才做了一番考证。他写道："俗谓忙遽曰三不知，即始中终三者，皆不能知也。其言盖本《左传》。"他不但把三不知的含义做了明确的解释，而且指明了这个成语的出处。

　　那么，我们不妨翻阅一下《左传》吧。在鲁哀公二十七年的记载中，的确可以找到"三不知"这个成语的来源。事情是由晋荀瑶帅师伐郑引起的。当时荀文子认为对敌情不了解，不可轻进。他说道："君子之谋也，始中终皆举之，而后入焉。今我三不知而入之，不亦难乎？"由此可见，所谓三不知原来是说对一件事情的开始、经过、结局都不了解，而所谓三知就是"始中终皆举之"的意思。

　　那么，同样，"163法则"可以界定为："某事"始（开始）占10%、中（经过）占60%、终（结局）占30%。那么，了解事物，就如邓拓所言："过于性急地要想一下子把一切事情的来龙去脉都知道得清清楚楚，也是不切实际的想法。我们应该对客观的实际情况，分别轻重缓急，先后有步骤地进行系统的调查研究，才能逐渐改变一问三不知的状况，真正做到三知。"在这里，"分别轻重缓急"就要将了解事物的重心放在10%上，重要环节细节放在60%上，重点结论放在30%上。

　　管理无非针对的就是人与事，处理好人的"左、中、右"，处理好事的"始、中、终"，都可以运用"163法则"的本质原理。

（二）奥秘规律的认知

　　一般在管理过程中，管理的权利、权重、权衡的比例分别为10%、60%、30%的立体应用。

　　管理者重心是要准确

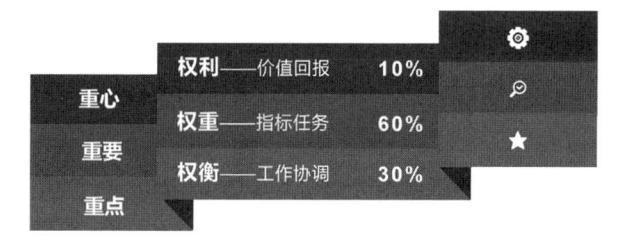

奥秘规律的认知

找到10%为切入点，这是管理的权利。所谓权利是指价值回报，包括企业和个人的价值回报。黑格尔指出："一般说，权利的基础是精神，它们的确定地位和出发点是意志。"从某种意义上讲，就是要用10%的精力做好愿景目标的战略定位工作。企业愿景目标是企业的发展方向及战略定位，体现了企业家的立场和信仰，是企业最高管理者头脑中的一种概念，是这些最高管理者对企业未来的设想。

管理者重要的是要明确抓住60%为基准点，这是管理的权重。权重强调的是因素或指标的相对重要程度，倾向于贡献度或重要性，也属于为实现愿景目标的计划工作，这要投入60%的精力去做好这方面的事情。企业管理是对企业的生产经营活动进行计划、组织、指挥、协调和控制等一系列职能的总称。按照职能或者业务功能划分包括：计划管理、生产管理、采购管理、销售管理、质量管理、仓库管理、财务管理、项目管理、人力资源管理、统计管理、信息管理等。面对"管理"这个如此庞大的系统，管理者及管理部门要按计划部署有序开展工作。

管理者重点是必须要精确实施30%为链接点，这是管理的权衡。在管理上，面对企业内外各类人等，所要花费精力30%的工作就是"权衡"二字。《鬼谷子》所讲的最高境界就是权衡。权衡是帝王之术，《鬼谷子》说，古代善于统治天下的人，必然首先审视权衡天下各方力量的轻重，揣摩诸侯的实情。企业也是如此，平衡各方，合作共赢。管理者面对的上级、面对的下属、面对的相关部门、面对的供货商、面对的客户等纷繁复杂的情况，要努力权衡协调，使之不出或少出麻烦。

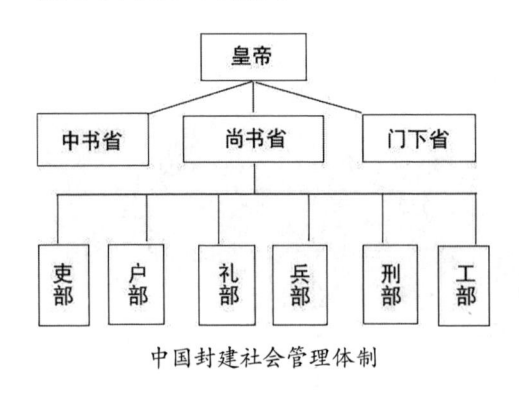

中国封建社会管理体制

有意思的是，中国封建社会管理体制有个三省六部制，这是西汉以后长期发展形成的，源于隋朝，完善于唐朝，加强于北宋，发展于元朝，强化于明清。使封建官僚机构形成完整严密的体系，削弱了相权，加强了皇权，延续了中国封建社会近千年的统治，对中国封建社会的政治、经济、文化等方面产生了深远的影响。这个体制的功能作用体现，实际上正是"163法则"的规律，"皇帝"思想一统天下，"六部"实施治理，"三省"支撑保障。

（三）法则实践的意义

实践就是人们能动地改造和探索现实世界一切客观物质的社会性活动。"系统思维163法则"实践是指其法则在实践中所体现出来的经验和教训对于未来管理等企业不可缺少的多项工作的指导和启示作用。"163法则"实践是一种具体的实践活动，其所面对的各种情况、所谋划采用的方法和处理结果，为今后的企业管理工作提供了许多的经验和教训。这些经验和教训对于各类企业的管理者和从事管理工作的人员来说，具有非常重要的指导意义。

01 决胜企业发展的是企业的决策和战略布局
02 保证企业基业常青关键要素是变革和创新
03 企业的存在离不开员工的智慧与能力的付出
04 企业承担社会责任是企业的社会价值体现

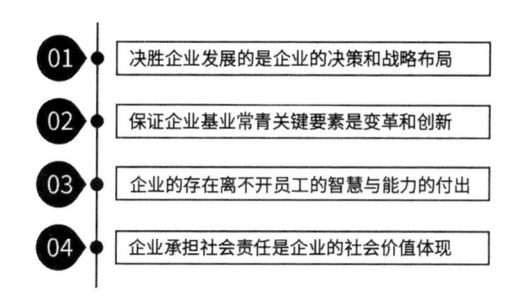

法则实践的意义

一是决胜企业发展的是企业的决策和战略布局，"163法则"实践指导意义就表现在对企业的决策和战略布局的指导意义上。在企业决策和战略布局中，要对涉及企业发展方向、经营方针、经营目标、产品发展、技术改造、市场开发、企业转向、人力资源开发等重大、全局或长远发展的重大战略问题实施决策，需要决策者系统考虑既定战略目标，基于企业现状，预测未来走向，决定最优行动方案，依据"163法则"可以对于以往的经验和教训进行总结和分析，为后续的决策和战略布局工作提供有效的指导和启示。企业在实践中积累了大量的实践经验，这些经验一定可以为企业制订各种方案、决策提供参考，以"163法则"的模式萃取的经验，能够帮助企业更好地经营发展。

二是保证企业基业常青关键要素是变革和创新，"163法则"实践指导意义也表现在对企业的变革和创新的指导意义上。很多人认为变革和创新是一件抽象且高深的事情，觉得并不是每一家企业都需要变革和创新。然而，随着时代的进步，实际上旧的产品与服务贬值是一个必然的道理。变革和创新就是要适应企业外部环境变化的需要，随着市场竞争的加剧，企业必须不断地进行变革和创新，才能在市场中立于不败之地。"163法则"明确首先要有一个中心指导思想，必须是一个思想，而不能搞多元思想，举措趋向于六条方法，保证原则或机制体系为三，如此实践中总结的经验和教训便可以为企业的变革和创新提供指导和支持，帮助企业更好地规划和实现战略目标。

三是企业的存在离不开员工的智慧与能力的付出。"163法则"实践指导意义表现在对于个人的成长和职业发展的指导意义上，从企业的角度来看，员工是企业的基础，是企业人力资源的全部，而人力资本是最重要的资本；员工是企业成功的关键，现今形势下，谁拥有知识型、复合型员工，谁就会在市场竞争中站稳脚跟，获得成功；员工是企业发展的需要，员工的素质与活力则成为企业发展的根本动力。"163法则"在实践中，员工可以学习先进的职业生涯规划的方法和技能，不断提升自己的素质和能力，实现自身职业发展的目标。

四是企业承担社会责任是企业的社会价值体现，"163法则"实践指导意义还表现在对社会的贡献和推动的指导意义上。企业作为一个社会主体，在实践中所取得的一切成果和经验，不仅能够提升自身的竞争优势，还能为社会的发展和进步作出重要的贡献。通过分享"163法则"实践总结归纳的经验和教训，企业可以推动社会的进步和发展，为社会的可持续发展作出贡献。

总之，"163法则"实践指导意义对于企业和个人的发展都具有非常广泛和重要的作用。在未来的企业高质量发展工作中，我们应该不断总结和学习以往的经验和教训，运用这些经验和教训来指导企业的决策和战略布局、变革和创新，以及员工的成长和职业发展、对社会的贡献和推动，"163法则"是有效的模式系统工具，以此来实现企业和社会的高质量发展。

第五章　作用如影随形

（一）时代思维的模式

思维，具有时代性、历史性。在历史上，没有一成不变的理论思维，没有僵死不动的固定的思维模式。一定的思维模式，总是植根于该历史时代的实践和科学发展的土壤之中，并随着历史的推移而发生变革。

互联网的发展对人类生活产生了深刻影响，信息时代对各行业都带来的不仅有挑战，还有机遇，抓住历史机遇，实现转型升级是企业高质量、可持续发展的重要保证。作为企业经营管理的核心工作环节，应该关注时代变化，及时变更思维方式和选择更合适的思维工具，不断提升我们工作的质量和扩大企业影响力。

时代思维的模式

身处 21 世纪，只有树立创新思维模式，才有可能站在科学的最高峰。半个世纪以来，特别是近 20 年来，中国的天不变道亦不变的传统思维模式，得到了较迅速的扬弃。"系统思维 163 法则"是这个时代思维模式的浪花一朵，从现代企业的管理，到个人的成长发展，作用如影随形。

我们知道，思维模式是思维活动的形式，是相对定型化了的、显现出来的社会理性活动的思维样式、思维结构，是社会智力、智慧和智能水平的整体凝聚，是人类精神素质和科学文化素质的总体体现。"系统思维163法则"正是如此，它从目标导向、问题导向入手，确定专注的一个思想意识；从解决问题、攻克难题着眼，创新有效实用的六个经验方法；从原则要求、系统机制角度，提出三项保证或支撑架构。如此固定化的模式，既有专注性的意识，又有可操作的方法，还有"众人划桨开大船"的平台机制，是集古今中外智慧的系统性、整体性的时代思维的模式。

（二）人文传统的萃取

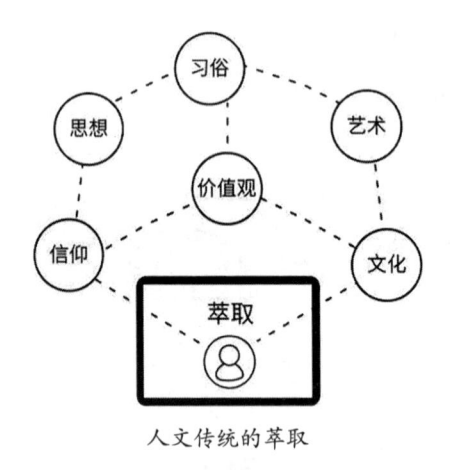

人文传统的萃取

人文传统是具有生命力的精神世界，是社会文化的重要组成部分，它们反映了人类的历史、信仰、价值观和智慧。然而，随着社会的发展和变迁，很多传统面临着消亡的威胁。"系统思维163法则"弘扬了传统的哲学智慧，凸显了人文精神，那么如何萃取人文传统，使其在中国式现代化进程中得以传承和发展，成为"系统思维163法则"面临的重要问题。

首先，"系统思维163法则"本身就内含着规律性的传统之"道"，它是认识万事万物的一个工具，包容兼蓄符合人文传统的一切优秀的品质与思想文化。其做法是要认识到人文传统的多样性和复杂性。传统不仅包括了文化、艺术、习俗等显性部分，还包括了思想、价值观、信仰等隐性部分。因此，在萃取人文传统时，"系统思维163法则"全面考虑，而不是简单地以好坏、优劣来评判任何文化。

其次，"系统思维163法则"在研发各类培训课程中，按其模式将全面地梳理各类培训课程的知识和视野，专项萃取"163模式"的呈现系统，有机联系三个层面的内容，使其传承人文传统精神与文化。在萃取人文传统时，需要深入研究和理解相关的传统文化与知识。必须具备跨学科的知识和视野，让我们能够将传统的不同部分有机地联系起来，从而更好地理解其本质和内涵。

再次，基于"系统思维163法则"开发的所有培训课程，注重寻求新的呈现方式、传承方式。传统的传播方式往往单一、保守，这不利于其发展和传承。因此，在萃取"163模式"培训课程中，是通过创新的归纳提炼方式，将传统人文元素与现代信息知识结合，开展跨文化交流等，来增强人文传统的传播力和影响力。

总之，"系统思维163法则"在萃取人文传统发挥了一定的作用，这是一项长期而艰巨的任务。今后的路途更加遥远而艰巨，必须要坚持全面、深入地研究和理解人文传统，同时要寻求"系统思维163法则"的创新方式，使其在现代社会中得以传承和发展。

著名物理学家阿基米德说过："给我一个支点，我可以撬动地球。""哲学＋数学"的思维正是"一个支点"，成就了"系统思维163法则"，撬动了培训的世界。

科学可以帮助我们认识世界，"系统思维163法则"也帮助我们认识世界。通过观察、实验和推理，人类社会不断揭示着自然现象和社会现象背后的原理和规律。这种认识不仅丰富了我们对世界的认知，还为我们提供了解决问题的思路和方法。正如前面所述："'163'不是发明。正如中国的古老智慧'八卦''五行'一样，其来源虽有各种说法，可都是对自然规律的认知，这种认知都不是发明，而是发现。"

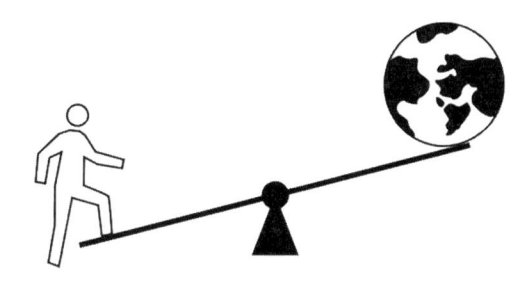

"给我一个支点，我可以撬动地球。"

科学本质的作用

科学可以指导我们的生活和工作，"系统思维163法则"也指导我们的生活和工作。在医学、农业、工业等领域，科学的应用为人类带来了福祉。例如，现代医学技术的发展使得许多疾病得到了有效的治疗，农业科技的进步提高了作物的产量和质量，工业科技的革新则不断推动着生产力的提升。"系统思维163法则"也起着教导、引导相对应领域的人员，提升综合素质及工作能力。

科学还可以推动社会的进步,"系统思维163法则"也为推动社会进步发挥作用。在科学精神的引领下,人们不断突破思想禁锢,探索新的领域和可能。从伽利略、牛顿到爱因斯坦、霍金,科学家的探索精神为人类文明的发展提供了强大的动力。

(三)方法技巧的应用

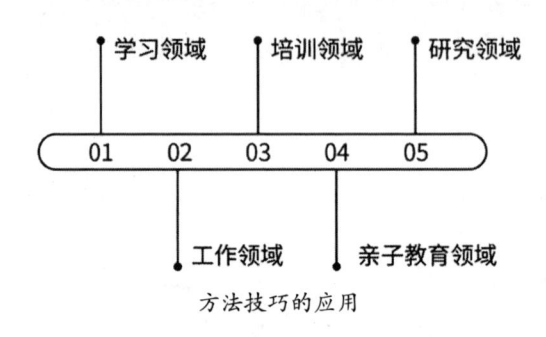

"系统思维163法则"重点是方法论,"系统思维163法则"的方法技巧应用通常取决于特定的领域和情境,包括学习、培训、研究、工作等。这些方法技巧并非孤立存在,而是相互关联、互为补充,构成一个完善的工具箱,为我们提供强劲有力的武器,应对人生挑战。

——学习领域。在学术和职业生涯中,学习和不断成长是非常重要的。需要一个"聚焦专注持久"的学习精神,掌握六大学习技巧(确定明确的学习目标、选择合适的学习方法、激发学习的内在动力、制订合理的学习计划、注重学习的效果反馈、培养良好的学习习惯),坚持三大学习原则(自我发现与探索、理论与实践相结合、与他人合作学习)。

——培训领域。培训师经常使用各种方法和技巧来帮助学员理解和掌握知识,提升素质能力。需要一个"以学员为中心"的理念,熟练运用六个培训方法(讲座式培训、案例分析、角色扮演、互动讨论、工作坊、在线培训),遵循三个培训规律(学习曲线规律、认知负荷规律、经验学习规律)。

——研究领域。在课题科研工作中,方法和技巧是至关重要的。需要一个"聚焦小问题,破解难问题"的意识,学会六大课题研究方法(定量研究法、定性研究法、跨学科研究法、文献研究法、案例研究法、综合研究法),做好三个课题研究环节(选好课题、做好调研、写好文案)。

——工作领域。在工作中，一些关键的方法和技巧可以帮助员工更高效地完成工作，同时也可以帮助维持良好的工作关系。需要一个"不干则已，干就干好"的决心，做好工作的六个关键方法（敬业的工作态度、胜任的工作技能、协作的工作关系、合理的工作计划、保障工作质量、积极的工作心态），树立三大意识（大局意识、协调意识、责任意识）。

——亲子教育领域。男孩教育必须要有一个"男子汉责任"担当，六个养成方法（父亲多陪伴，做孩子榜样；母亲少溺爱，让孩子吃苦；家人从长计，孩子第二位；体育交朋友，运动强身体；鼓励常表达，情感予指导；包办靠边站，钱财欠充裕），培养输出三气（大气、胆气、志气）。女孩教育必

"吴群学163模式"九大类别		
一虚	六实	三维
规则1	术器6	方法3
理念1	行为6	机制3
战略1	战术6	战果3
系统1	操作6	平台3
模式1	产品6	流程3
目标1	技能6	措施3
要求1	标准6	条件3
项目1	攻关6	达标3
组织1	融合6	管理3

"吴群学163模式"九大类别

须有一个"上进心"驱动，六个养成方法（鼓励着养，不养虚荣；疼爱着养，不养溺爱；负责着养，不养自在；矜持着养，不养轻浮；尊爱着养，不养拜金女；独立着养，不养寄生虫），培养输出三容（笑容、宽容、仪容）。

以上只是一些常见领域中的"系统思维163法则"的方法技巧应用示例。实际上，"163法则"的模式方法和技巧在我们的生活和工作中无处不在，它们帮助我们更有效地完成任务，提高我们的效率和效果。

第二篇

法——创新功用

> 最有价值的知识是关于方法的知识。
>
> ——[英]达尔文

中国著名创新专家郎加明说:"对于创新来说,方法就是新的世界,最重要的不是知识,而是思路。"人们关于"世界是什么、怎么样"的根本观点是世界观。用这种观点做指导去认识世界和改造世界,就成了方法论。方法论是普遍适用于各门具体社会科学并起指导作用的范畴、原则、理论、方法和手段的总和。"系统思维163法则"从根本上讲,就是认识和改造社会的模式方法。

第六章 传道规划"1"方向

（一）理学心学的体现

"系统思维163法则"中形成模式的"1"，是传道坚守的"1"方向，对系统中的"6""3"来讲是魂、是理、是道、是指导思想。体现了理学心学的精神内涵，是中华传统文化的现代弘扬。

宋代理学家朱熹赞同程颐说的"性即理"，他认为，每个事物从开始到结束，都有一个理在其中。理学的中心观念是"理"，把"理"说成产生世界万物的精神的东西。明代心学家王阳明则赞成陆九渊的"心即理"，他认为宇宙是一个完整的精神体，这个精神体就是我们脑中的世界，这是心世界。

在南宋时期，朱熹的理学思想成为主流的儒家思想。朱熹将天理定义为"理"，即自然界的规律和道德准则，他强调通过内省、格物、致知等方法来探究理，以达到修身、齐家、治国、平天下的目的。朱熹的思想对于后世的影响深远，不仅在儒家思想中占据重要地位，也对中国传统文化产生了深远的影响。

除了朱熹的理学思想外，南宋时期还有其他重要的理学家和学派。比如杨时的理学思想强调"理"的存在和作用，认为"理"是世界的本原，人们应该通过内心的反省来发现和实现"理"。柴中行的理学思想则注重实践和实行，他认为"理"是存在于人们日常生活中的规范和准则，人们应该通过实践来探究和实现"理"。这些不同的理学思想在南宋时期相互影响，形成了多元化的理学思想氛围。

此外，元朝时期也有不少重要的理学家和学派。不同的理学思想和学派在元朝时期相互交流和竞争，推动了理学的发展。

总的来说，理学是中国儒家学说发展的重要阶段之一，它对于儒家思想的发展和完善作出了重要贡献。同时，理学也对中国传统文化产生了深远的影响，成为中国传统文化的重要组成部分之一。

心学起源于宋明时期，强调个人的主观感受和内在体验，认为人的行为应该基于自己的内心感受和信念，而不是外部的权威、传统或道德规范。

在现代社会中，心学的影响已经逐渐扩大，成为心理学、社会学、哲学等多个领域的重要思想。

一是心学强调个体内在的精神世界和主观经验，这为现代社会中人们对于自我认知和自我实现的需求提供了重要的理论支持。通过内省和修养，心学可以帮助人们摆脱外界的束缚，发现内在的价值和潜能，从而更好地实现自我价值。

二是心学对于人际关系和社会和谐也有着积极的影响。它强调个人的主观感受和内在体验，同时也尊重他人的主观感受和内在体验。这种思想可以促进人与人之间的相互理解和尊重，帮助人们建立更加和谐、平等、公正的社会关系。

三是心学对于现代心理学的发展也有着重要的影响。它强调内在的精神世界和主观经验的重要性，这种思想与现代心理学的某些理论有着相似之处。例如，人本主义心理学强调人的自我实现和内在体验，这与心学的思想有着异曲同工之妙。

心学强调个人内在的精神世界和主观经验的重要性，这种思想已经逐渐被现代社会接受

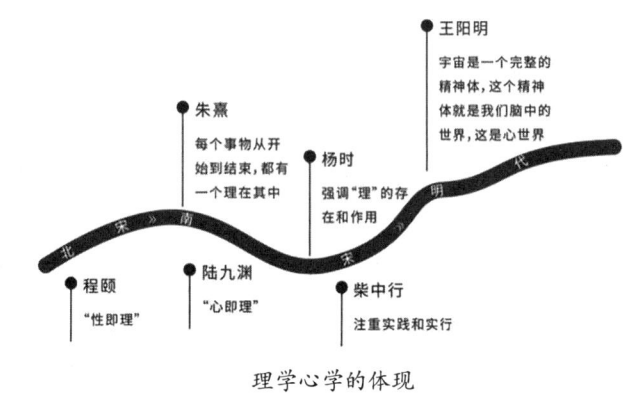

理学心学的体现

- 程颐 "性即理"
- 朱熹 每个事物从开始到结束，都有一个理存在其中
- 陆九渊 "心即理"
- 杨时 强调"理"的存在和作用
- 柴中行 注重实践和实行
- 王阳明 宇宙是一个完整的精神体，这个精神体就是我们脑中的世界，这是心世界

北宋 → 南宋 → 明代

和认同，成为人们追求自我实现和内心平静的重要途径。

虽然理学与心学作为哲学两个对立的学派，但在"理"的认知上应该是一样的。也就是说无论从物质层面还是从精神层面看世界，都贯穿其一个"理"字。"系统思维163法则"中的"1"就是贯穿始终的"理"，就如文章的主旨、行路的指南。

（二）专一专注的内涵

《淮南子·诠言》云："一也者，万物之本也。"

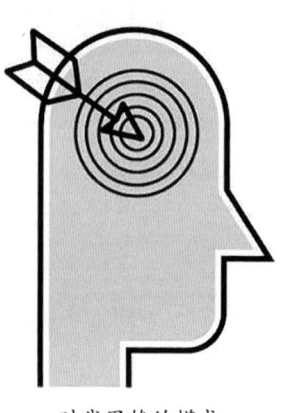

在人生的道路上，我们常常会遇到各种困难和挑战，而解决这些问题的关键在于我们是否能够抓住问题的本质。这个本质就是"一"，就是我们在探索中所认知的本质，是我们生活和工作中所应该坚持的一些基本原理或原则。

"一"是专一专注。在如今这个信息爆炸的时代，我们每天都会接收到各种各样的信息，而在这个过程中，我们就需要保持专注，抓住问题的本质，专一应对。只有保持专注的"一"，才能够更好地解决实际遇到的问题。

时代思维的模式

"一"是自律自强。要做到专注，就要自律。这是一种非常重要的品质，在面对诱惑和挑战的今天，只有自律才能够让我们坚定自己的立场，作出正确的决策。而成天刷手机的人，一天下来看了不少，而大脑还是空空如也，其原因就是没有能够自律，所以不能专一专注，被一个又一个信息牵引。只有自律才能够让我们更好地控制自己的情绪和行为，才能使我们一以贯之。在填写一种类似"你最喜欢吃的""最讨厌的"问答类游戏"自白"时，在"您的特点"一项中，马克思写下的是"目标始终如一"，不能始终如一，就不能自强不息，不能更加努力地去追求更好的成果，不能更好地迎接未来的挑战。

我们知道，文章关键元素是主旨。

主旨是文章的核心和灵魂，它通过明确提出中心思想来传达作者的意图和目的；主旨是文章统一性的体现。它使文章的各个段落和句子都围绕一个中心展开，从而保证文章的连贯性和统一性；主旨还有助于提高文章的阅读效果，读者可以通过主旨快速了解文章的中心内容，从而更容易理解和把握文章的含义；主旨还有助于提高文章的吸引力，一个鲜明、独特的主旨能够引起读者的兴趣，从而增加文章的阅读价值。

再有，一个国家或组织都要有一个指导思想，因为指导思想是一个国家或组织的灵魂，它应该反映一个国家或组织的根本性质和宗旨。如果指导思想多元，必将会导致国家或组织的思想混乱，从而影响其稳定和发展。

比如以"男子汉大丈夫，宁死不屈"为理念，我们说得就是，即使面临生死存亡的抉择，也不能退缩，要保持这种坚韧不拔的精神，勇敢面对。如果以"男子汉大丈夫，能屈能伸"为理念，我们说得又是，人生中充满了各种起伏和变数，有时候我们需要以一种开放的心态来面对和接受它们。只有当我们能屈能伸时，以一种弹性思维和开放心态来面对生活，才能够更好地应对生活中的各种挑战和变化。而这两个理念在一个课中展示，必有尴尬。

在我们的生活和工作中，"一"这个数字有着许多重要的应用。从简单层面来看，"一"是一个基本的计数单位，简单明了。"一"用于许多成语中，如"一帆风顺""一目了然""一马当先"等，这些成语都可以帮助我们认知"163法则"中"1"信念的意义——"一也者，万物之本也"。

（三）一以贯之的思想

一以贯之，指做人做事，按照一个道理，从始至终都不会改变。

此成语出自《论语》中孔子的一句话，即"吾道一以贯之"。古往今来，人们对孔子的这句话曲说繁解，聚讼不已。总在纠结孔子所言之"道"是什么，按原文孔子的学生而言，就是"忠恕"二字，显然是肤浅了。

按帛书本《道德经》中老子所言："道，可道也，非恒道也。名，可名也，非恒名也。"所谓帛书本《道德经》，是1973年冬出土于湖南长沙马王堆三号汉墓的珍贵文物。专家鉴定为两种写本：一种用篆书抄写，定名甲本，共5464字，抄写时间在公元前206年以前；另一种用隶书抄写，定名乙本，共 5478 字，抄写时间应在公元前 179 年左右。因乙本避讳"邦"字，专家据此推断应该抄写在刘邦称帝之后；甲本则无避讳，应在此之前。从最早的版本意思来说，"道"是可以表述出来的，但用语言表述出来的就不是永恒的"道"；"名"也是可以说出来的，但能说出来的就不是永恒的"名"。前一个"道"是指老子认知一种存在，是一个老子哲学概念；后一个"道"做动词，描述、表达出来。前一个"名"是指"道"，对其具体称谓；后一个"名"做动词，说出来。总之，老子的意思是，这种"道"是不能用任何语言完美地表述出来的，故"道，可道也，非恒道也"。

实际上，孔子的"吾道一以贯之"这句话表达的意义，不在于他的"道"是什么，而重要的在于"一以贯之"。

子曰："参乎！吾道一以贯之。"曾子曰："唯。"子出，门人问曰："何谓也？"曾子曰："夫子之道，忠恕而已矣。"（《论语·里仁》）

孔子说："曾参啊，我的人生观是由一个中心思想贯穿起来的。"曾参说："的确如此。"孔子出去后，别的学生就问曾子："老师所指的是什么？"曾子说："老师的人生观只是忠与恕罢了。"

子曰："赐也，女以予为多学而识之者与？"对曰："然，非与？"曰："非也，予一以贯之。"（《论语·卫灵公》）

孔子说："赐（子贡的名为端木赐），你以为我是广泛学习并且记住各种知识的人吗？"子贡回答说："是啊，难道不是吗？"孔子说："不是的，我是有一个中心思想来贯穿所有的知识。"

——摘自《傅佩荣解答当代人心灵困惑：国学的天空》

注意，孔子所言的"我的人生观是由一个中心思想贯穿起来的""我是有一个中心思想来贯穿所有的知识"。这种一以贯之的思想，正是"系统思维 163 法则"中主导的"1"。正如前面所说的写文章必须自始至终紧扣一个主题一样，"163法则"在其系统性思维结构设计的过程中，也必须坚持和固守一个经归纳萃取的态度、观点、看法、主张、见识、概念、观念、主见、意见、见地、见解等具有自身明显优势的东西，是可以不断强化的东西，是能够被广泛认同的东西，并在不断研习、打磨、实践、提高，加以充实完善光大。经过长期不懈的努力，这条一以贯之的"脉络"和"宗旨"，便成为我们各自不同的、具有鲜明稳定性的思维结构"风格"。

第七章 授业计划"6"方法

（一）六字文化的寓意

"六"这个看似简单但却神秘的数字，贯穿了整个中国文化的历史长河。在中国文化中象征着吉祥如意、幸福、安康。中国自先秦以来就有崇尚"六"的传统观念。许多事物都用"六"这个数字来概括，如六部儒家经典称为"六经"或"六艺"，诸子中最著名的阴阳、儒、墨、名、法、道德总称"六家"，周代兵书六卷称"六韬"，行政区分"六乡"，官制设有"六府"，汉代官职有"六曹"，隋唐政制设"六部"，朝廷军队称"六军"，皇后的寝宫称"六宫"；古代把亲属关系归纳为"六亲"，妇女怀孕称为"身怀六甲"；天地四方合称为"六合"或"六幽"，天干地支配合纪每六十年为一周期，称"六十甲子"。由此，民间就有"六六大顺"的吉语，农历带有"六"的日子，如初六、十六、二十六被视为举行婚礼的吉日。

中国古人用来占卜未来的一种方法叫六爻，其中最基本的要素就是六个爻位，爻可以理解为"交"，代表世间万物在不断地交流变化，是八卦的基本单位。每一个爻位有阳爻和阴爻之分，通过组合六个爻位的阳、阴情况得出六爻，其代表了宇宙的六个方向和状态。每一爻都对应一个数字，这些数字对应的含义非常丰富，相信很多人都被这些数字吸引。六爻中第一爻对应的数字就是"六"，表示上古时代人类的祖先，也代表天，意味着开始了一个新的循环，是事业开始的象征。如果是在问事业方面的问题，这个数字出现，就意味着一个新的开始，要抓住机会，迎接挑战。

"六"在中国传统各领域也发挥了重要的作用。在中国传统的园林建筑中，每个景区都是由六个部分组成的，这六个部分分别是：景墙、景窗、地景、植物、水景和建筑。这六个部分的相互组合和变化，构成了中国园林的独特魅力。在中医理论中，"六"更是扮演了重要的角色，中医将人体分为六个系统，分别是心、肝、脾、肺、肾和三焦，这六个系统的平衡和稳定，就是人体健康的基础。在古代的音乐理论中，有"六律"和"六吕"的说法，"六律"是指六个音高，而"六吕"则是指六个音低，这六个音的高低变化，构成了中国传统音乐的独特韵律。

"六"在中国文化中，不仅仅是一个数字，更是一种象征、一种寓意，具有非常深厚的内涵和重要的意义。

（二）六个节点的连接

数字在现代社会更是起到了不可忽视的作用，它们贯穿了我们生活的方方面面。一二三四五六七八九十，其中"六"这个数字，是我们寻找系统性解决问题的最高限量，也就是说，万事万物之间最多只需六个节点便可连接。

《山海经·海外南经》中有："地之所载，六合之间，四海之内。"

司马迁《史记·秦始皇本纪》曰："六合之内，皇帝之土。"

贾谊云《过秦论》云："及至始皇，奋六世之余烈，振长策而御宇内，吞二周而亡诸侯，履至尊而制六合……"

李白《古风》诗："秦王扫六合，虎视何雄哉！"

上述典籍中，都出现一个词，叫"六合"，古人以东、西、南、北、上、下等六方为六合，泛指天地或宇宙。合，含有联系、关联、影响、作用的意思。从一个点出发，有六个方位的选择；每两个方位的焦点作为中心点，又有其六个方位的选择……六合是对宇宙万物相互关联节点的最优化定义，前面已说过古代有三阴三阳六爻，用以解释万物之间的关系；现代有六度分割法，六度分割理论并不是说任何人与人之间的联系都必须通过六个层次才会产生联系，而是表达了这样一个重要的概念：任何两位素不相识的人之间，通过一定的联系方式，总能够产生必然联系或关系。所谓六度分割理论是指 six degrees of separation，是在 20 世纪 60 年代由哈佛大学心理学家 Stanley Milgram 提出的。简单来说，六度分割就是在这个社会里，任何两个人之间建立一种联系，最多需要六个人（包括这两个人在内），无论这两个人是否认识，生活在地球的任何一个地方，他们之间只有六度分割。由此，六合、六爻、六度分割都说明万事万物之间最多只需六个节点便可连接。

六个节点的链接

解决一般问题，只要能梳理好六个关系，即东、西、南、北、上、下或前、后、左、右、上、下，就能从系统上找到解决问题的思路和方法，从这个意义上来讲，万事万物之间最少只需六个节点便可完美连接。如对于前方向的问题，需要具备前瞻性的视野，深入了解市场趋势，把握行业动态，加强市场调研，注重数据分析，以便更好地预测未来的走向。对于后方向的问题，需要建立健全的危机管理机制，要时刻保持警惕，对于可能出现的风险和危机进行充分的预防和准备，要建立快速反应机制，以便在危机发生时能够迅速采取行动，减少损失。对于左、右方向的问题，需要注重团队合作和沟通，要与同事保持良好的合作关系，互相支持，共同解决问题，建立有效的沟通机制，鼓励员工提出建议和意见，以便我们更好地了解他们的需求和困难。对于上、下方向的问题，需要关注员工的成长和发展，要帮助他们提升技能和能力，建立公正的激励机制，以便激励员工更好地发挥自己的潜力。

解决人的问题，也是六个维度，在一个维度上找一个方法，就是六个方法。比如六欲，是中国古代区分感情的一种分类，一般指眼（见欲，贪美色奇物)、耳(听欲,贪美音赞言)、鼻(香欲,贪香味)、舌(味欲,贪美食口快)、身(触欲,贪舒适享受)、意(意欲,贪声色、名利、恩爱)。在佛教典籍《大智度论》中,六欲则指色欲、形貌欲、威仪姿态欲、言语音声欲、细滑欲和人相欲,把"六欲"定位于俗人对异性天生的六种欲望,也就是现代人常说的"情欲"。东汉哲人高诱对此做了注释:"六欲,生、死、耳、目、口、鼻也。"可见六欲是泛指人与生俱来的生理需求或欲望。在日常生活中,这六欲时刻牵引着我们,稍有放松,便会使我们迷失方向,陷入贪婪和诱惑之中。由此,对于见欲,我们要注意保持心灵的窗户干净明亮,不被低俗、恶俗的事物迷惑;对于听欲,我们要学会分辨是非,不被谣言、诽谤左右;对于香欲,我们要懂得享受清新的空气,而不是追求短暂的快感;对于味欲,我们要懂得控制自己的嘴巴,避免因一时口快而造成遗憾;对于触欲,我们要学会克制自己的欲望,不被金钱、权力腐蚀;对于意欲,我们要不忘初心、牢记使命,坚定理想信念,坚持为人民服务的宗旨,真正做到心无旁骛,不受诱惑的干扰。

解决打仗问题,也是六个维度找六法。中国有个词语叫韬略,指古代兵书《六韬》《三略》,后指打仗用兵的计谋。韬,有三层意思:一是弓或剑的套子;二是隐藏;三是用兵的计谋。《六韬》这本书是以周文王、周武王与姜太公(吕尚)对话的形式写成。于是相传为姜太公所撰。经历代学者考证,《六韬》非殷周之际兵书,而是后人依托姜太公之名而作,成书年代约在战国中期周显王时。北宋元丰年间该书被列入《武经七传》,定为武学必读之书。六韬主要是文韬、武韬、龙韬、虎韬、豹韬、犬韬六个。文韬论治国用人的韬略;武韬讲用兵的韬略;龙韬论军事组织;虎韬论战争环境以及武器与布阵;豹韬论战术;犬韬论军队的指挥训练。引到企业经营管理上,可以依据这六个维度,在用才、用兵、建队伍、建环境、提升执行力、提升领导力等六个方面找方法和措施。

解决生产管理问题,也是六个维度分析找办法。即人、机、料、法、环、测,这是生产管理中的核心内容。一是"人"的因素,要充分了解和发挥每个员工的特点和优势,激发他们的潜力,调动他们的积极性。同时,加强员工培训,提高技能水平,确保他们在生产线上能够高效、安全地完成任务。

二是"机"的因素，要通过定期检查、保养和维修，延长设备的使用寿命，提高设备的利用率。此外，还要不断引进新技术、新设备，提高生产效率和产品质量。三是"料"的因素，要严格把控原材料的质量关。选择优质供应商，建立长期稳定的合作关系。同时，加强原材料的入库检验，确保产品质量从源头上得到保障。四是"法"的因素，要不断优化生产工艺，简化流程，提高生产效率。通过引入先进的生产管理理念和技术手段，对生产流程进行持续改进，降低成本，提高企业的竞争力。五是"环"的因素，要营造一个安全、舒适、整洁的工作环境，为员工提供良好的工作环境和条件。同时，加强环保设施建设和管理，确保企业的生产活动符合环保法规要求。六是"测"的因素，要建立完善的品质检测体系，对产品进行严格的质量控制，并通过引进先进的检测设备和采用科学的检测方法，确保产品符合客户的要求和质量标准。

中国佛学也将六欲叫作六根，根有能生的意思。所以《佛学次第统编》（明·杨卓编）中言：

凡夫只认现境，不了自心。依于六根，接于六尘，而生六识。所谓六根者，先言根义，次言其六。所言根者，能生之义。以能对境生识，故谓之根。言六根者：

一、眼能见色者是。以能对色而生眼识，故谓眼根。

二、耳能闻声者是。以能对声而生耳识，故谓耳根。

三、鼻能嗅香者是。以能对香而生鼻识，故谓鼻根。

四、舌能尝味者是。以能对味而生舌识，故谓舌根。

五、身能感触者是。以能对触而生身识，故谓身根。

六、意能知法者是。以能对法而生意识，故谓意根。

在道家文化中还有"六神"之说，是指主宰人的心、肺、肝、肾、脾、胆的六位神灵。即心神，叫守灵；肺神，叫虚成；肝神，叫台明；肾神，叫育婴；脾神，叫魂停；胆神，叫威明。六神又和人的六种情感有关，心主喜，肝主怒，肺主悲，脾主思，肾主恐，胆主决断，这些情绪和能力失常后人就会思绪混乱，拿不定主意，故称惊慌失措的人是六神无主，因为这六神会影响人的决断。

  所有的六个维度，都给我们提供了不同问题解决方法的思维设计模式。只要能将六个节点的链接做好，不仅方法找到了，更重要的是系统性，不会按下葫芦起了瓢——顾了这头顾不了那头。

第八章 解惑谋划"3"方略

（一）文化内涵的深厚

"三"是一个十分幸运的数字，"三"更是一个完美的数字，它几乎在东西方每个国度中都得到了认可，并被人们当作神性、尊严和吉祥的标志。"三"对于中国人来说是一个极具代表性的语言符号与文化符号。

在我国，从许慎的《说文解字》到《淮南子·天文训》，历来注家对"三"都有解释。其中，较为权威的解释是："道始于一；一而不生，故分而阴阳；阴阳合和而万物生，故曰：一生二，二生三，三生万物。""三"是两性合和的成果，是万物生殖繁衍的体现。

在道教、儒家、佛教的"三教"思想中更是体现出"三"背后蕴含着的丰富哲学内涵。如我们熟知的道家思想，运用"三"来表达自己的观点。《老子》中就阐明了世间万物都是由"三"逐渐衍生而来的，因此"三"已经成为核心关键词。《论语》作为了解、研究儒学思想的基本文本，我们对于儒家思想的认识都是从它开始的。《论语》中"三"出现的频率非常高，比如"吾日三省吾身""三年无改于父之道";《论语·八佾》有"管氏有三归";《论语·述而》有"举一隅不以三隅反""三月不知肉味""三人行,必有我师焉";《论语·泰伯》有"三年学,不至于谷,不易得也";《论语·乡党》有"祭肉不出三日。出三日,不食之矣";《论语·先进》有"南容三复白圭";《论语·宪问》有"高宗谅阴,三年不言";《论语·微子》有"柳下惠为士师,三黜""三日不朝,孔子行"。由上可以看出,数字"三"体现在儒家思想的各个方面。在佛教中,我们熟知的唐三藏,其中"三藏"就是指经藏、律藏、论藏;在很多古文中,我们经常能看到"三生三世"。

在中国古代建筑,王城的营建制度是九里见方,城的每一面各开三个城门;城内南北道路、东西道路各九条,路宽72尺。这些数字都是三或三的倍数。为何要这样修建呢?一是帝王都自称"受命于天",表示其统治的权力是上苍赋予的,于是干什么都打着"行天之道"的旗号;二是因为"三生万物",王朝要兴盛发达,就得行"三"之法。

在历史上王朝设官,也是以"三"为法的,其用意仍然是为了表明王者法天,即所谓"顺天成道"。如"三公""九卿""二十七大夫""八十一元士",共计120个官。

在文人墨客口中,吟咏的著名词句中也有它的身影,"飞流直下三千尺,疑是银河落九天""故人西辞黄鹤楼,烟花三月下扬州"。

在社会和民俗方面,"三"这个数字也是无所不在的。古代沿用至今的无数俗语成语与它有关,"无事不登三宝殿""三个臭皮匠赛过诸葛亮"。"一问三不知"中的"三"体现了事物的开始、过程和结果。"三羊开泰"中的"三"在民俗中有"吉祥"之意。"三教九流"中的"三"和"九"概括了社会各行业的方方面面。

自古以来,中国就有礼仪之邦的美称。通过对中国古代礼节的研究,我们不难发现这样一个有趣的事情,古代的礼节也多与"三"这个数字有关。古时候,中国人待客,往往要客人熏三次香、洗三个澡,叫作"三衅""三浴",表示极高的尊重。古有"退避三舍"之说,也是起源于一种礼节。晋重耳为报楚王之恩,在两国交兵时,后退三次,以表示感谢和敬畏之心。古代,臣民们拜见帝王都得行三叩九拜之礼,同时还得山呼万岁。如遇家中长辈死丧，晚辈人还有守孝三年之说。如今现代人仍然还保留的古代礼节也有不少，如婚嫁习俗中也有摆宴三天，仪式上有拜天地、拜父母、夫妻对拜的三拜之礼；对于虔诚的教徒，也有三跪九叩之说；去别人家里做客，须得敲门而进，而敲门三下，则是比较礼貌的行为；去吊唁时，面对死者，哀悼者要三鞠躬；现在还有一种礼貌与"三"的联系比较密切，就是我们常见到汽车的厢板上往往写着"礼让三先"。

"三"这个数字也被广泛地应用于时空和算数。凡极言时间之长、空间之大、数量之多，古时多用三或三的倍数来表示，如"三思而行""九天""十八层地狱""三百六十行"等。可见，"三"这个数字，有着深厚的文化内涵，在中国古代被广泛运用到各个方面，很多至今还有其生命力。现代的地理、政治、经济中，也有"三"的身影，经济发达的珠江三角洲、长江三角洲等。

我们知道，"三"在诞生之初，确实是表示物体的具体数目，但是在进入到文化领域之后，它被赋予了更深层的意义。一是实指，比如"松、竹、梅"因为能够傲立于寒风之中，且有风骨，被誉为"岁寒三友"，以此来表达自身清高孤傲的气节与傲骨，得到了广大文人的认同与赞颂。这里就是三种植物，是一个确切的数字。二是虚指，这是与实指相对而言的。虚，表示不确定，这里同样可以分为两种情况：一种指少数。比如我们生活中常说的"三言两语"，就是指语言精简，一下子就表达清楚了；又如"三三两两"，形容人少，宋代著名词人辛弃疾在《念奴娇·双陆》中写道："袖手旁观初未说，两两三三而已。"第二种就是指多数。这个在生活中更是常见。同样是表示人数，但是"三人成虎"比喻说的人多了，就能把谣言当作事实。这里的"三人"已经演变为多人了。而《论语》中这样的例子更是数不胜数。

综上所述，实际上"三"的意义随着文化的传承与发展不断地变化，也一直在丰富着自身的内涵，最后形成了"以三为极"的特点。中华文化认为"三"是质变与量变的极限，是事物发展的极点。

"三"，根植于传统文化的土壤之中，承载的必然是与中华文化一脉相承的精神内涵，而且深藏在中华民族集体意识之中。更多地了解"三"，可以让我们更深入地理解中国传统文化的博大精深，增强民族文化的自豪感、自信心。

（二）故事演绎的智慧

古代许多重要的思想观念都与其有关，人们将日、月、星辰统称为"三光"，与之对应的天、地、人则为"三才"；方丈、蓬莱及瀛洲，就是我们常说的"三山"；父、子、孙为"三族"……一些神魔小说中也大量描绘了关于"三"或者其倍数，比如《封神演义》中的二郎神开的天眼是第三只眼，哪吒是三头六臂；《西游记》中猪八戒是三十六变，孙悟空是七十二变，这些都与"三"有关系。

中国的故事种类丰富，与数字"三"有关的故事也在民间广为流传，这些故事演绎中都以"三"为架构。如孟母三迁、三顾茅庐、退避三舍、目无三尺等。"孟母三迁"指孟轲的母亲为了让他获得良好的教育，三次搬家。"三顾茅庐"刘备为了聘请诸葛亮，三次到诸葛亮居住的草屋去邀请。还有《孙悟空三打白骨精》《宋公明三打祝家庄》《刘姥姥三进荣国府》……这些个故事中的"三"代指次数。随着时代的变化以及人们生活的需要，数字"三"逐渐潜藏着深刻的含义。"退避三舍"中的一舍在古代指三十里，三舍则是九十里，"三"用来形容退让和回避。"目无三尺"指眼中没有法律制度，因古代把法律写在三尺长的竹简上，"三尺"引申为法律。"三"从计数和数目的符号逐渐转变，源于人们自身的体验与外部世界相互连接形成了新的认知心理，这个过程是必然的，也推动了数字文化的发展。

"三"在故事演绎中似已用成俗套，但也体现了情节布局上的层次。这就是"以三为法"，其构成了一系列有意味的数字：三、六、九、十二等。这些已不仅仅是数码的名称，它们形成了一种思维模式和文化模式。"以三为法"的这种具有神秘色彩的文化意识，不仅在故事演绎的文学作品中大有体现，而且渗透到哲学、政治、伦理、天文、文化艺术和风俗习惯等社会的各个方面。

说起"以三为法"，就要追踪到中国最古老的文化典籍《易经》的思想上去，《易经》的核心部分是八卦，它是象征物理人事的符号，具有普遍的意义。八卦是从乾、坤两卦所代表的八种天地间的基本物象，不停地相互鼓动变化，而人生长在这个运行不息的天地之间，际遇凶吉，动止纷纭，由是产生了宇宙万物，变幻莫测。所以八卦是三画卦，代表天、地、人三才。这就产生了"以三为法"的深刻而重要的哲学内涵——世界一切的创造象征。但它不能反映事物复杂的变化，因而八卦又演化成六十四卦，三百八十四爻的象数关系表现出来，反映了世界一切事物的运动和发展，也就是矛盾和斗争。可以说，古代圣贤设置的六牺卦，就是他们观察宇宙间万物现象的体验。因此说，卦的特点既代表物象又是思维模式。关于这一学说，儒家、道家都源于《易经》，老子说得"道生一，一生二，二生三，三生万物"。孔子作《易传》，其思想和《易经》是一致的。因而儒家道家学说强化了《易经》"三生万物"观念的传播和运用。其在传统文化中被格外看重，象征着吉祥。约定俗成地被人们在各个方面派上用场，形成了"以三为法"的传统观念。

"以三为法"的观念在我国上下几千年，遍及哲学观念、政治制度、文学和传统风俗。从中国思想发展史上纵观，当我们今天找来找去，寻找中国文化之根时，不能不归结到《易经》所奠定的文化传统。特别是它合理的内核——"以三为法"，象征世界一切的创造，体现了朴素的辩证唯物主义思想。

前面提到过古代兵书《六韬》《三略》，《三略》旧题黄石公撰，作者可能为中国西汉末（一说东汉末）隐士，姓名尚难确考。《后汉书·臧宫传》所载光武帝诏书中称引《黄石公记》之文，多近今本《三略》。《三略》之名最早见于东汉末建安年间陈琳《武军赋》和三国魏李康《运命论》。北齐魏收《魏书》则称刘昞注《黄石公三略》，《隋书·经籍志》始著录，唐魏徵将其部分内容收录进《群书治要》。宋刻《武经七书》本是现存最早刊本。该书分上、中、下三略。《上略》通过对"设礼赏，别奸雄，着成败"的分析，论述以"柔能制刚，弱能制强"为指导，以收揽人心为中心，以任贤擒敌为宗旨的治国统军战略思想及其实现方法。《中略》通过"差德性，审权变"，论述君主驭将统众的谋略。《下略》主要内容是"陈道德，察安危，明贼贤之咎"，进一步论述治军统军的原则。《三略》不仅在军略问题上论述精辟，在政略问题上更是见识卓绝，全书贯穿着为"人主"提供指导的著述宗旨，"人主深晓《上略》，则能任贤擒敌；深晓《中略》，则能御将统众；深晓《下略》，则能明盛衰之源，审治国之纪"。

"以三为法"和《三略》给了我们一个启示：解惑能够立足三个谋略布局，必能解难题、破困局、成大事。这也就是"系统思维163法则"中形成模式的"3"之作用和意义，更多地了解"三"，才能更好地感悟"163法则"的"3"。

第九章　正确认知"163"辩证关系

"系统思维163法则"有三个层次意义：一是信念；二是方法；三是谋略。正确认识和处理好信念、方法、谋略三者的辩证关系，对于坚持用好"163法则"，进一步坚守信念，探寻方法，立足谋略，创新应对变化的系统性思维结构设计，都具有重要意义。

（一）成事信念的力量

宋代思想家张载所著《经学理窟》一书中指出："欲事立，须是心立。"意思是说，若想要所致力之事取得成功，必须先下定决心，坚守信念。

信念——认为是事实或者必将成为事实，对事物的判断、观点或看法，近义于观念。

从心理学而言，信念是指人们对自己的想法观念及其意识行为倾向，强烈地坚定不移地确信与信任。信念就心理过程进行分类可分为信念认知、信念体验与人格倾向。信念会使个体意识到或唤醒意志行为，意志行为从来源上讲它是对自我的本能本性（无条件反射与条件反射）的意识与唤醒的结果，是个体本能本性中可与其行为志向、志趣相统一的结果，或者说是个体意识到的有益于实现其行为志向、志趣的结果，没有信念也就没有个体的意志行为。比如个体在饥饿状态下随着饥饿程度的

信念

成事信念的力量

逐渐增加，求取食物的信念会越来越强，饥饿状态的唤醒对求取食物的行为有决定性的作用。信念对行为的唤醒除了意志行为，也会唤醒人们的潜意识行为，也能唤醒人们的娱乐消遣行为，只是人们的潜意识行为动机是不明确的，而人们的娱乐消遣行为的目标目的又是不明确的，而潜意识行为与娱乐消遣行为都不是能将个体意愿与个体长远目标相统一的具有意志过程支配的意志行为。

从信念的产生来讲，所谓信念又是指人类乃至动物已经意识到的自我的本能本性（人格个性），比如食肉动物对饥饿的本能意识导致了肉食动物捕食的信念。人在心理平衡状态下通过心理反应过程层面，信念会表现为具有随生共存的统一协调性的三个方面：信念在认识过程上的反映——个体基本的信仰世界观；信念在感情过程上的反映——尊严尊崇心理；信念在意识过程上的反映——个体的人格倾向。信念的三个表现成分间相互协调一致性的关系，是指信念中任何一个表现成分的呈现都是其他两个表现成分的表达。信仰世界观是信念在认识过程上的反映，尊严尊崇意识是信念在感情过程上的反映，人格倾向则是信念在意识过程上的反映。

在充满变化与挑战的时代，坚守信念是我们前行的重要支撑，是成事的内驱动力。信念，如同心中的明灯，照亮我们前行的道路，让我们在困境中坚定不移，勇往直前。能让我们在竞争激烈的市场中保持独特的价值观，抵制诱惑，理清思路，明确方向；能让我们在诸多挫折与困境时，积极寻找解决问题的方法、破解难题的妙招；能让我们更好地激发创造力，更加积极地谋划对策，系统思维；能让我们在不断变化的世界中保持清醒的头脑，坚持自我反思与学习，不断提升自己的能力与素质。总之，坚守信念，能让我们在成功的道路上不断前行，为实现更大的理想目标而不断思考与作为。

（二）成功方法的作用

在人们有目的的行动中，通过一连串有特定逻辑关系的动作来完成特定的任务。这些有特定逻辑关系的动作所形成的集合整体就称之为人们做事的一种方法。

按照这种定义，人们每一次有目的行动过程都形成一种方法。不过，人们实际语言中的"方法"一词大多数都经过了抽象的过程，也就是说，每一种被确认的方法都是对若干做事过程集合中的动作组合逻辑的某些共同特征的概括，具有一些共同逻辑特征的行动过程就形成了一种方法。

通俗地讲，所谓方法，就是人们做事过程中一连串动作的关联方式。一种方法就是对这种关联方式特殊性方面的一个概括。在英语中，单词"Way"有道路、方式、方法几种意思，汉语中方式、方法、路（径）也经常通用，多一种方法多一条路。

在方法研究中，通常是针对人们做事的一个领域。如管理中的方法称为管理方法，预测中的方法称预测方法，物理学研究中的方法或使用物质的物理性质的方法称为物理方法，质量管理中使用的方法称质量管理方法，农业生产中灌溉田地的方法称为灌溉方法等。

一项复杂活动又包含许多部分和许多环节，在每个部分和每个环节又有各自的方法。如企业管理中有质量管理方法、营销方法、信息传递方法、决策方法、人事管理方法等。国家管理中有经济计划方法、财政预算方法、法律制定方法、行政方法等。在我们每个人的生活中有处世方法、学习方法、交友方法、消费方法等。所以，对人类活动中各种方法的研究是各门技术科学的基本和核心任务。系统评价作为人类管理活动的一个领域，就形成了各种各样的方法体系，如建立指标体系的方法、制定权重的方法、指标合成方法、制定标准的方法、调查测验的方法、有效性分析的方法等。

方法的一个同义词是技术，给人的感觉，方法通俗一些，技术高雅一些。还有些套用神秘因素的词，也是指的方法，如技能、技巧、秘诀、绝招、妙招、宝典等。现今，人们越来越喜欢使用"技术"一词。如把预测方法叫作预测技术、管理方法叫作管理技术、实验方法叫作实验技术等。

俗话说："四两拨千斤。"只要正确掌握有效方法，就能以小力胜大力。一能帮助我们提高工作效率。在面对复杂的工作任务时，如果我们能够灵活运用各种方法，就能够更高效地完成任务，节省时间和精力。二能提升我们的工作质量。正确的方法能帮助我们避

成功方法的作用

免犯错，让我们的工作更加精细、完美。三能帮助我们拓展自己的职业发展空间。当我们具备了灵活运用各种方法的能力后，就能够更好地适应不同的工作环境和挑战，增加自己的竞争力。四有助于我们成长。我们的职责不仅仅是完成任务，还要更好地团结协作，提高团队的凝聚力和战斗力。

（三）成业谋略的格局

本质上，谋略是一种为获取利益和优势的积极的思维过程。《逸周书·卷十武纪解第六十八》说："谋有不足者三：仁废，则文谋不足；勇废，武谋不足；备废，则事谋不足。"意思是，谋划不充分的有三种：仁爱废弃，文谋就不充分；勇力废弃，武谋就不充分；预备工作废弃，事谋就不充分。

谋略，是古老而永恒的话题。它源于战争、政治斗争，又关乎人类生活生存的点滴。所以谋略以社会互动为前提，表现为社会属性；又以客观事物和客观规律为依据，表现为自然属性。超自然和超社会的谋略是不存在的。谋略离不开人，它所反映的是人的思想意识和物质意识，是人们在解决社会矛盾过程中，实现预期目的与效果的高超艺术。

成业谋略的格局

在历史上，对中国的智慧、谋略、政治有影响的学派虽有十几家，但影响最大的主要是儒、道、法三家。中国的智慧和政治虽然常常呈现出纷繁复杂的状态，其实万变不离其宗，只要掌握了这三家的思想精核，也就把握住了中国的谋略和智慧。

儒家的智慧是极为深刻的。它是一种非智谋的大智谋，其运谋的方法不是谋智，不是像法家或兵家那样直接以智慧迫使对方服从，而是谋圣，即从征服人心着手，让人们自觉自愿地为王道理想献身。用今天的话讲，就是非常注重做"政治思想工作"，首先为人们描绘一幅美好的蓝图，并百折不挠地到处宣传这种理想，直到人们心悦诚服。它已经上升到了人性、人道的范畴。这就是儒家智谋的合理性之所在，也是其成为真正的大智谋的根本原因。

法家的智慧很特殊。法家之法作为君主统治天下的手段，法家之法的根源在于封建集权制，因此，它就特别强调"势"。"势"就是绝对的权威，是不必经过任何询问和论证就必须承认和服从的绝对的权威。有"法"无"势"，"法"不得行；有"势"无"法"，君主不安。但如何才能保证"势"的绝对性呢？这就需要"术"。"术"就是统治、防备、监督和刺探臣下以及百姓的隐秘的具体权术和方法。中国的"法制"最发达的地方就在于"法"与"术"联手创造的御臣、牧民的法术系统。"法"的实质是强力控制，"势"的实质是强权威慑，"术"的实质则是权术阴谋。这些都是直接为维护封建王权服务的。

道家的智慧是极为聪明的。它认为天地万物都受道的支配。道是绝对的、永恒的，是永远不可改变和亵渎的；世间的人是有限的，对于道只可以体味、尊重和顺应。那么，如何体味和遵循道呢？黄老哲学认为，那就是要顺应自然，要无为，然后才能无不为。所谓"圣人无心，以天地之心为心"，说的就是圣人没有自己的主张，万物的自然运行就是圣人的主张。人如果不能体察道，就不能"知常"，不能顺应自然，在现实中就容易招致祸害。

当然，在具体的历史进程中，这三家的智慧总是相互融合，进而吸收其他学派的思想，只是在不同的历史时期和不同的背景下各个学派的思想相互消长而已。由此说，谋略是一种思考方式，是一种行动指南，是一种格局。一是全局视野的格局。在决策时，我们要从全局出发，考虑各方面的利益，平衡各方面的关系。二是创新思维的格局。我们要敢于挑战传统思维模式，勇于创新，提出新的思路和方法。三是长远眼光的格局。只有看到未来趋势，才能把握未来，才能更好地布局当下，为未来的成功打下坚实的基础。四是实践能力的格局。"光说不练假把式"，我们要将理论与实践相结合，不断尝试新的方法，不断总结经验教训。

综上所述，信念是我们做事的基石，是我们行动的动力。然而，仅有信念是不够的。我们还需要有正确的方法。方法是实现信念的桥梁，是达到目标的途径。没有正确的方法，再坚定的信念也无法转化为实际的行动。"谋事在人"，谋略是实现目标的智慧，是克敌制胜的关键，没有谋略就无法应对各种挑战。因此，信念、方法与谋略是相互依存、相互促进的。我们需要有坚定的信念，以此为指引；我们需要有正确的方法，以此为途径；我们需要有高明的谋略，以此为智慧。这三者之间的辩证关系，就是我们的制胜之道。

第三篇

术——管理实用

> 成在经营，败在管理。
> ——企业俗语

经营管理是对企业整个生产经营活动进行管理，以实现其一系列工作的目标和任务。经营是企业生产技术、经济活动与外部环境达成动态均衡的一系列有组织活动；管理是通过实施计划、组织、领导、控制和创新职能进行的以人为中心的协调活动。经营为管理设定目标和意图，管理为经营提供方法和手段。

第十章　163战略决胜术

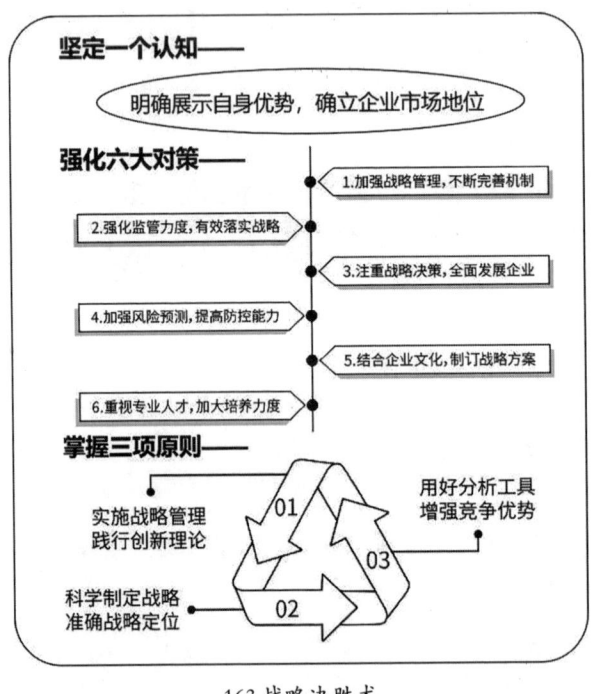

所谓战略就是旨在实现源自组织使命和愿景的长期（long-term）或总体（overall）目标。有效实现企业经营的差异化、规模的全球化以及经济最优化成了现代企业的重要战略管理目标。不过，当前仍有不少企业战略管理意识薄弱，导致其面临着诸多问题，甚至还会对其生存与发展造成影响，所以，探究企业战略决胜术至关重要。

坚定一个认知——
明确展示自身优势，确立企业市场地位

强化六大对策——
1. 加强战略管理，不断完善机制
2. 强化监管力度，有效落实战略
3. 注重战略决策，全面发展企业
4. 加强风险预测，提高防控能力
5. 结合企业文化，制订战略方案
6. 重视专业人才，加大培养力度

掌握三项原则——
01 实施战略管理，践行创新理论
02 科学制定战略，准确战略定位
03 用好分析工具，增强竞争优势

163战略决胜术

（一）坚定一个认知——明确展示自身优势，确立企业市场地位

每一个企业都应寻找属于自己的独特优势。寻找自己企业优势最高效的

方法就是了解企业现在的实际情况以及市场竞争能力的强弱,并且确立自己在市场中的地位。确立优势的过程应精简一些,有些企业总结了自身优势,但所涉因素过多,所确立的优势并非只属于自己的,而是适用于所有企业的,这种优势无法对自身发展起到作用。企业要做的就是对已有因素进行降维处理,对所有因素进行精简,精简后所得的精华,才是自己企业所拥有的独特优势;扬长避短,充分发挥自己确立的优势才是企业兴盛的根本源头。那么企业应如何发展自身在市场中的竞争优势呢?答案是企业在"规范"发展之余应再做一点基础性的探索。有些企业自身实力雄厚但是不为人所知,虽有实力但在市场竞争中无法充分展示,导致企业无法在激烈的市场竞争中生存。企业必须始终保持业界之间的战略交流,将自己的优势传达出去,然后接受业界反馈。反馈有好有坏,在好的反馈所涉及的因素上继续发展,接收到坏的反馈之后也要反思自身有哪些问题,并加以改正,这样企业才能在激烈的市场竞争中稳定发展,抓准机会再进一步。

(二)强化六大对策——优化战略管理思维,落实战略决胜举措

1. 加强战略管理,不断完善机制
2. 强化监管力度,有效落实战略
3. 注重战略决策,全面发展企业
4. 加强风险预测,提高防控能力
5. 结合企业文化,制订战略方案
6. 重视专业人才,加大培养力度

我国一些企业,尤其是中小型企业由于经营规模较小,企业的战略管理工作主要由企业的领导层负责。由于企业领导缺乏对战略管理相关知识的了解掌握,往往只能凭借主观想法、管理经营来进行战略规划的设计,严重限制了战略管理效益发挥。对此,企业领导层需基于对企业长远发展的考虑,不断提高自身战略管理理论知识体系,强化战略管理思维应用。此外,战略管理工作人员还需积极加强对传统战略管理模式的转变、创新,

充分保障战略管理工作可以有效满足市场需求。

1. 加强战略管理，不断完善机制

建立完善的战略管理机制，是充分发挥战略管理优势的重要前提。战略管理工作过程中极易受到一些因素影响而出现诸多问题，导致战略管理与预期效益出现较大差异。对此，管理人员需基于对企业所处环境进行分析，不断优化战略管理，完善战略管理机制，提高战略管理的灵活性。新经济形势下，企业的制度标准也发生了较大变化，对此推动战略管理实施，需要实现对战略规划的规范管理。因此，企业领导及相关管理人员在不断提高自身专业能力的同时，需要加强现代化技术在战略管理中有效应用，以及加强与第三方管理机构的深入合作，不断提高自身战略管理实力。

2. 强化监管力度，有效落实战略

企业战略管理任务的有效落实，离不开专业战略管理监督体系的建立与实施，同时也是实现对战略管理缺失问题优化，以及推动战略管理目标实现的重要保障。企业在进行战略管理监督过程中，需要建立专业部门对各项工作进行统筹推进。

如若单纯依靠监督体制可能难以将全体员工的参与积极性激发出来，所以，企业还需要配套建设考核以及奖惩制度，对企业内部每一部门的战略执行情况进行监管，对于表现优异且达成战略目标的部门以及工作人员予以相应的奖励，严厉处罚违规操作员工并杜绝违规操作现象，形成良好的工作风气。此外，还需积极引导全体员工参与到企业的战略管理当中，充分表达自己的观点与看法，增强员工的主人翁意识，更好地推动企业实现高质量发展。此外，企业还需加强对相应激励制度的完善，提高员工工作热情与积极性，更好地满足战略管理需求。通过逐步完善企业战略管理制度能够让企业在第一时间发现战略执行中的不足，并进行针对性处理，确保战略管理效率与质量。

3. 注重战略决策，全面发展企业

在开展企业战略管理工作时，只有充分调动全体员工都参与到决策与管理工作当中，才能确保该项工作的全面性、合理性与可行性。对于企业而言无论是要落实短期目标或是执行长期发展战略均需要全体员工的大力支持，首先，企业应当要注重开展战略管理的宣传工作，增强工作人员的管理意识，

并促使其积极参与到战略管理工作当中。其次，企业在开展战略分析、制定以及执行等各个环节均应当要组织各个层次员工参与其中，做到集思广益，增强员工的主人翁意识，保证实际战略的全面性与有效性。在实施战略分析时，企业还应当要召集各个部门人员来分析企业发展需求、短期问题以及财务情况等运营状况，尽可能将企业实际经营状况反映出来，及时发现并解决问题。

4.加强风险预测，提高防控能力

企业对于国家优惠政策的过度依赖以及片面采用事后弥补的问题处理机制，会在较大程度上削弱企业的风险预测与抵抗能力。风险预测与防控能力的缺失也在较大程度上说明了企业战略管理过程中存在的诸多问题。风险预测能力是企业市场竞争能力的重要判断依据之一，同时也是企业实现进步发展必不可少的能力。尤其是对于企业财务管理而言，必须确保财务管理机制的科学、稳定才能推动企业实现可持续发展。同时需要建立专门的风险预警机制，及时有效识别企业战略实施过程中存在的风险，进而制定有效应对措施，将风险威胁降至最低。尤其是需要对资金流的重要性予以高度重视，时刻关注现金流的波动现象。基于对产品的运行周期分析，对现金流进行合理预算，确保企业财务管理工作的安全、高效。借助有效的风险预测机制以及现代化信息管理系统能够为企业战略管理工作提供有力支撑，提高战略管理效益。

5.结合企业文化，制订战略方案

企业文化渗透于企业各项经营活动当中，能够直接反映出企业的管理水准，并对企业的生存与发展产生较大的影响。所以，企业在开展战略管理过程中必须能够充分联系企业文化，并与其相匹配，这样才能有效提升企业的竞争优势。首先，企业管理人员应当要能够正确梳理企业文化与战略管理间的关系，在制定战略规划时需要与企业文化内涵相符。其次，在进行战略管理方案编制过程中需要将当前企业的文化特征考虑在内，在对今后发展趋势进行预测的过程中还应当能够引导企业文化逐步改进，往企业文化中融入创新理念，以助于企业更好地与时代发展步伐相一致，提高企业的综合竞争优势。

6. 重视专业人才，加大培养力度

人才对于企业发展，尤其是企业战略管理而言至关重要，企业战略管理水平的提升离不开综合性能力较强的人才队伍保障。对此，企业需坚持以人才为培养导向，构建有效的人才培养体系，完善人才考核与奖惩制度。同时借助企业文化建设树立正确的人才观念与价值观念，使得企业全体员工朝着同一目标努力，推动战略目标的实现。此外，还需加强对领导层的针对性培训。通过聘请知名专家对其传授战略管理相关知识，以及传授成功经验的方式，不断提高领导层的战略管理工作能力与专业水平，更好地保障企业战略规划的实现，提高战略管理效益。除此之外，企业管理人员还可有效结合"走出去"与"请进来"的战略管理培训方式，定期邀请行业专家到企业进行考察与指导，虚心请教与战略管理相关的实践问题与方法，同时还能主动到其他企业中学习优秀的管理理念与经验，尽可能快速提升企业战略管理水准。

（三）掌握三项原则——坚定企业发展核心，占据竞争有利地位

1. 实施战略管理，践行创新理论
2. 科学制定战略，明确战略定位
3. 用好分析工具，增强竞争优势

要以新发展理念作为企业发展的核心，围绕这个核心，参考前人的理论与模型进行创新，形成适合自己企业的理论与模型，使战略目标得以实现，最终使企业在市场稳定发展的同时占据竞争的有利地位。

1. 实施战略管理，践行创新理论

企业在进行战略管理时，一般会参考前人所提出的一些理论，如波特的竞争优势理论和波特五力模型。有些企业缺乏创新能力，在进行战略管理时不针对企业自身的特点及现状进行创新修改，直接照搬理论，从而导致企业跟不上时代发展脚步，逐渐被淘汰。波特的竞争优势理论以及波特五力模型的提出正确吗？答案是肯定的。但是，真的适用于所有企业吗？答案是否定的。如果想让企业在激烈的市场竞争中生存并且蓬勃发展，就需要自己提出理论和

模型。可以参考前人提出的模型和理论，取其精华，去其糟粕，找出一些适合企业自身的内容再加以创新，形成适应自己的模型和理论，这是创新的关键点。创造出新的理论和模型之后，需要确定其正确性。并不是创新出来的内容一定就是对的，这时就需要将创新后的理论以及模型与业界进行交流，积极接受业界反馈，对于业界提出的批评意见，要认真对照分析，有则改之，无则加勉，最终形成一套属于自己的理论和模型。实施战略管理需要企业自己根据前人的理论及模型加以创新，然后与业界进行交流，确认无误之后再加以实行。

2. 科学制定战略，准确战略定位

随着中国的经济实力逐渐攀升以及现代化进程不断加快，确立一个准确的战略定位对于大多数企业来说是比较困难的，但这并不是企业退缩的理由。在巨大数量的市场竞争者压力下，优胜劣汰，适者生存，企业必须尽早对自己现处的位置进行准确定位，才能制定出可以帮助自身在市场中生存并发展的战略方针。通过这一过程，来认识和发挥比较优势，要从高处看问题，做到高屋建瓴。曾经有许多企业效仿龙头企业的经营模式以及战略，目的是能与这些龙头企业争夺市场，却很少有企业成功替代当时的龙头企业。从这个例子中我们应认识到，企业要想在国内外大市场中生存并发展，必须充分了解并发挥自身能力和市场竞争优势，善于发现行业战略的弊端，在不同企业的战略定位之外创新，才能由小变大，立于不败之地。

3. 用好分析工具，增强竞争优势

利用SWOT模型[企业战略分析模型，Strengths（优势）、Weaknesses（劣势）、Opportunities（机会）、Threats（威胁）]对公司本身及外部环境进行分析，以确定企业自身内在条件的优劣因素以及本企业可能面临的机遇条件和潜在威胁，并根据上述分析和结论来制定具体对策，促使企业全面增强竞争优势，减少竞争劣势，有效抓住发展机遇，尽可能地避免风险。把握好企业本身的发展状况，知己知彼，方能正确制定出一套适用于本企业的发展战略，使其在企业未来的发展中扮演极其重要的角色。企业应该遵循SWOT分析步骤，首先应结合企业目前状况，总结自己企业的优势和劣势、可能的机会与威胁，然后将其融合，形成SO、ST、WO、WT策略，最后进行总结，结合本企业实际情况，确定有助于本企业发展的战略方针。

一个企业可能拥有的竞争优势（Strengths）为技术技能优势、有形资产优势、组织管理优势、竞争能力优势等。技术技能优势也就是一个企业在技术技能方面领先其他企业的优势，高超的生产技术、低成本的生产方式、雄厚的技术实力等都可以作为技术技能优势。有形资产优势就是相较其他企业来说足够的资金、先进的生产流水线等方面的优势。组织管理优势是在高水平的组织能力、对于组织信息的管理能力、从外部环境吸纳运作资金能力等方面取得的优势。竞争能力优势是在经销商及合作伙伴关系中、企业管理者对于市场变化的敏感性等方面取得的优势。从众多竞争优势中找到本企业现有的优势才是重中之重，同时是进行战略管理的根本。

竞争劣势（Weaknesses）是指本企业在激烈的市场竞争中处于劣势的环节，或者说是本企业存在的不利于自身发展的部分。通过调查问卷总结出可能导致企业出现劣势的原因有：企业本身技术水平不高；企业管理层目光短浅，认为没有必要进行有效的战略管理；对自身的战略定位不清；缺乏创新能力等。企业高层或管理者应该直面本企业的竞争劣势，努力将劣势弥补，取长补短才能有更好的发展。抓住公司面对的潜在机会（Opportunities）是促进企业发展以及进行战略管理的一个关键要素。企业高层或管理者应该具备一定的市场敏感性，当市场出现变化时，要及时识别对本企业有利的潜在机会，并且考虑这些潜在机会可能给企业带来的利益和发展，当然也要考虑风险，最终权衡利弊，使企业能够获得的竞争优势达到最大化。企业高层或管理者应该对市场变化具有一定的敏感性，迅速抓住这些企业面临的潜在机会，本企业才能够比其他企业更具竞争优势。危及企业的外部威胁（Threats）是指市场中存在潜在的替代品，会对本企业的利润和运转造成一定的威胁。公司管理者应当及时发现外部可能存在的威胁，及时与企业内部人员进行分析，制定相应的战略，保护企业不受外部可能存在的威胁。

总而言之，企业的高层或管理者应该利用好SWOT分析方法，进行企业的战略管理，使企业在竞争激烈的市场中取得胜利。纵观三国时代，优秀的谋略家、战略家诸如孔明、周公瑾等，都是在小小的军帐之中作出正确的部署，决定千里之外战场上的胜负。企业管理者想要成为一个优秀的企业战略者，那么就需要灵活运用企业战略管理技术，才能取得胜利。如果一个企业缺乏战略管理，往往只顾眼前利益而缺乏长远发展所需要的长期策略，一旦遇到发展难题，就很容易被打败，导致无法长期存活。反观那些世界 500 强企业，都有着明确而又有力的企业战略，才能保持其在市场中的龙头地位。每一个企业都需要制定一个适于本企业发展的战略，这样企业才能在激烈的市场竞争中抓准机会运用战略，企业才能再进一步发展。

第十一章　163 文化取胜术

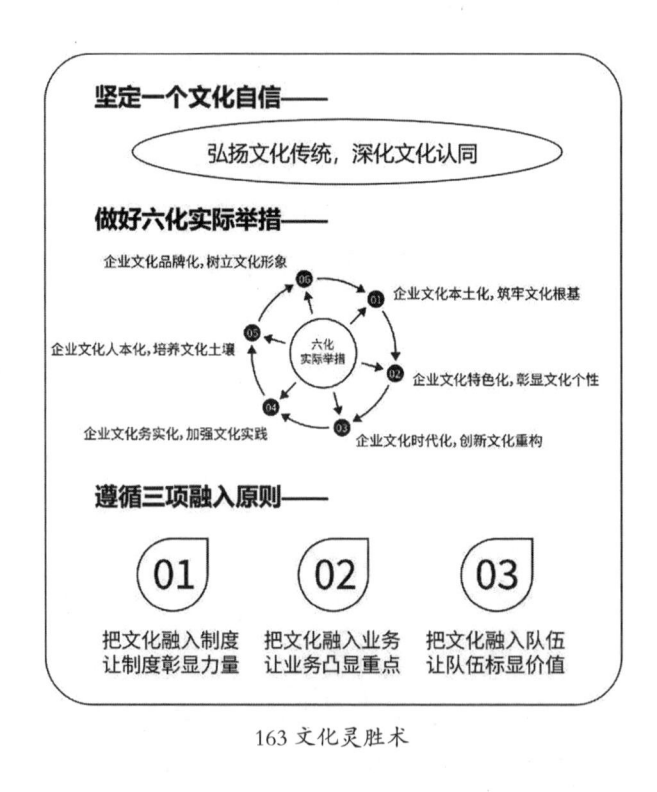

坚定一个文化自信——
弘扬文化传统，深化文化认同

做好六化实际举措——
- 企业文化品牌化，树立文化形象
- 企业文化人本化，培养文化土壤
- 企业文化务实化，加强文化实践
- 企业文化本土化，筑牢文化根基
- 企业文化特色化，彰显文化个性
- 企业文化时代化，创新文化重构

遵循三项融入原则——
01 把文化融入制度，让制度彰显力量
02 把文化融入业务，让业务凸显重点
03 把文化融入队伍，让队伍标显价值

163 文化灵胜术

文化是有灵性的，旅游业如果只有漂亮的风景，没有文化，是发展不起来的。同样道理，只有硬实力，没有软实力，企业也是做不起来的。企业文化是企业的软实力，是企业的核心价值观，因此，每个企业都要建设出独特的，并且符合自身发展的企业文化。要将企业文化内化于心、固化于制、外化于行，激活企业文化活力，培育具有鲜明时代特征和自身特色的企业文化，为推进企业高质量发展提供精神动力和文化支撑。

（一）坚定一个文化自信——弘扬文化传统，深化文化认同

中国特色社会主义进入新时代，企业文化建设要增强自信、坚定自信，应紧跟时代大势、直面时代课题、把握时代脉搏、体现时代特征、与时代同频共振，在继承中发展、在发展中创新，因时而进、因势而立、因需而新，为企业高质量发展提供不竭的精神动力。

——弘扬文化传统。中国的企业是传承弘扬中华优秀传统文化的重要基地。我们必须坚持从实际出发，把中华优秀传统文化基因和民族精神融入企业文化理念，并赋予其新的时代特征和时代内涵，结合企业实际及地域资源，做好"红色+"特色文化建设这篇文章，增强企业文化的凝聚力和向心力，引领企业全体员工继承和发扬光荣传统，听党话、跟党走。必须结合企业战略思维、战略目标任务，制定企业文化建设与发展规划，以文化力引领和推动企业高质量发展。必须坚持中国特色社会主义文化发展道路，增强文化自信，围绕举旗帜、聚民心、育新人、兴文化、展形象建设社会主义文化强国。只有这样，企业文化才能根深叶茂，具有生命力。

——深化文化认同。进入新时代，党和国家高度重视文化建设，对社会主义文化建设提出了一系列新思想、新观点、新论断。在全面建设社会主义现代化国家、全面推进中华民族伟大复兴的新征程中，中国企业要勇于破旧立新，树立新思想、新观念，并将其融入企业文化建设的各方面、贯穿于企业改革发展的全过程，走改革创新之路。要站在中华民族伟大复兴的历史高位，站在时代赋予企业使命和责任的高度，不断增进对党的创新理论的政治认同、思想认同、理论认同、情感认同，自觉用党的创新理论武装头脑、凝心铸魂。以此，坚持企业文化建设的守正创新，推动自身企业文化的认同。

（二）做好六化实际举措——凝聚员工力量，上下同心协力

1. 企业文化本土化，筑牢文化根基
2. 企业文化特色化，彰显文化个性
3. 企业文化时代化，创新文化重构

4. 企业文化务实化，加强文化实践

5. 企业文化人本化，培养文化土壤

6. 企业文化品牌化，树立文化形象

企业文化是指企业创造出来的具有本企业特点的共同的价值观和行为规范。这里的共同的价值观是指组织对于客观事物的好坏、善恶的基本判断，是企业行为的指导思想和行为准则。即使各种客观原因导致员工构成发生明显改变，共同的价值观也能凝聚员工。

1. 企业文化本土化，筑牢文化根基

随着科学进步、科技水平提高、经济飞速发展，世界经济趋于一体化，企业文化也逐渐倾向于多元化。但是，无论文化如何变迁，我们都应该意识到，如果失去了民族文化的根，企业文化就会失去源头，没有精神内核。因此，对于中小型企业，企业文化的建设应立足于本土文化，因为只有民族的才是世界的。

要保持弘扬中国的"仁爱"思想。这是强调在管理中人的作用与当今"以人为本"的管理思想是一致的。在管理活动中重视人的因素，提高员工的创新愿望和创新能力，对于加强企业文化建设、丰富企业文化内容具有积极作用。

要保持弘扬中国的"和为贵"理念。这是提倡求大同存小异，对企业文化建设具有深远影响。企业中每个人、每个部门对待同一件事情都会有不同的见解，这是正常的，但只要方向和目标是一致的就不是问题，应该以和为贵，这样能够产生更多的创新思想和方法，有利于企业的发展。

要保持弘扬"厚德载物"的价值观念。这是强调把德行放在第一位，在企业用人方面以道德品行作为首要的衡量标准，这一点也符合我们国家以德治国的理念。在企业文化建设中注重用道德的力量去凝聚人心，同样具有重要作用。

2. 企业文化特色化，彰显文化个性

良好的企业文化，不仅要与时代同步，还要与本企业实际密切结合，建设有本企业特色的企业文化。具体包括企业精神、品牌和用人等方面的特色。

首先是企业精神特色。每一个企业都经历过从创业到不断成长、发展的过程，在这个实践过程中，企业逐渐发展起来并形成了其特有的企业精神。企业精神是每个企业强大的精神动力，虽然是无形的，却是最有价值的。对企业精神的不断培养和发展，能够提高企业凝聚力和工作效率，提高员工的工作热情，实现企业的目标。

其次是品牌特色。品牌特色最能体现出企业的独特性，中小型企业想要在市场竞争中脱颖而出，必须得拥有自己的品牌特色，这样才能取得消费者的信任，让本企业员工有信心，在国内外市场上赢得一席之地。

三是企业用人方面的策略特色，能够说明其对待员工的态度。优秀的企业文化应该尊重员工、培养员工、关怀员工，为员工提供良好的工作环境。

3. 企业文化时代化，创新文化重构

企业文化建设要在生产经营管理实践中，不断提炼、培育、升华文化内涵，使其具有时代特征。企业文化时代化，就是要与时俱进，创新企业文化建设，重点从企业经营理念的重构和企业文化管理制度的重构两方面入手。

要重构企业经营理念。企业经营理念的重构包括的内容非常丰富。要转变观念，塑造理性的企业文化。把长期以来中小型企业中形成的非理性、家族式文化转变为理性的现代企业文化。要注重以人为本的管理理念。不仅要以员工为本，还要以顾客为本、以社会公众为本，做到多赢。要注重塑造独特的企业精神，不搞形式主义和本本主义，让企业精神深入人心。同时需要注意的是，企业文化的建设是长期的，不能只看短期效应，要有长远规划、长期意识。

要重构企业文化的管理制度。企业文化管理制度的构建是企业文化重构的必要保证，企业文化本身是一种管理制度，但它是隐形的深层次制度体系。构建企业文化的管理制度首先要构建企业文化的意义符号管理制度，这是最基本的管理制度。其次，要构建企业文化传播沟通管理制度。企业文化基础管理制度的构建很重要，但文化的传播更重要，通过科学完善的沟通管理体系将企业文化的精神内涵传达到每一位员工、顾客和社会公众，建立多渠道的网络沟通体系，提高沟通的有效性。再次，构建工作氛围管理制度，形成良好的工作氛围。最后，还应对员工的行为进行不断引导和强化，通过建立完善的企业文化培训制度提高员工的整体素质。

4. 企业文化务实化，加强文化实践

要坚持知与行相统一。知行合一既是一种理念，也是一种要求。"知"是指内心的觉知、对事物的认识。"行"是指人的实际行为，知行合一强调的是认识与行动的统一。在企业文化建设中，知行合一理念要求企业要将企业核心价值观、各类管理理念等文化元素融入员工的行为中，使企业文化在员工中由习惯思维转化为理性认知、由文化理念认识转化为自身行动自觉，由此实现企业文化理念认知与实践活动相统一，真正促进和推动企业文化有效落地。

要强化员工思想认知的统一。强化员工对企业文化的思想认知统一是文化落地的前提。在信息化时代，面对员工思想观念、价值取向日益多元化的特点，企业需要充分发挥企业文化导向功能、凝聚功能，强化企业文化宣传教育引导，让全体员工在对企业文化思想认知统一的过程中，形成推动企业高质量发展的凝聚力、创造力。

要推动员工自觉文化践行。员工自觉践行企业文化理念是文化落地的关键。践行企业文化理念，必须创新企业文化理念宣传导入形式，如结合企业实际，创新形式解读文化理念内涵，让员工听得进去、理解得了、记得下来；可借助各类宣传媒体阵地、借助文化产品载体，拓宽文化理念传播渠道，展示企业文化魅力，扩大企业文化影响力。践行企业文化理念，必须将企业文化理念融入企业管理制度，在设计企业管理制度时，要充分融入企业核心价值观，融入企业经营理念、发展理念、质量理念、安全理念、财务理念、人才理念等各类管理理念，努力形成以文化管理企业、以制度约束员工行为的管理氛围。践行企业文化理念，必须要注重建设员工行为文化，如结合企业实际制定员工行为规范，以此规范和约束员工行为；抓好行为规范落地的日常监督管理，依靠制度的刚性约束力，促使员工执行行为规范成为自觉。

5. 企业文化人本化，培养文化土壤

企业文化实质上是人本文化，否则是不长庄稼的沙漠。由此，我们需要以社会主义核心价值观为引领，广泛发动群众，聚焦人的因素，发挥人的智慧，挖掘人的潜力，促进人的全面发展。

要弘扬企业精神。企业精神是企业经过精心培养而形成的企业成员群体

的精神风貌，是企业的灵魂，也是企业文化的核心，在整个企业文化中起着支配的作用。企业在文化建设和实践过程中，要把践行企业精神与坚定理想信念结合起来，与爱党爱国爱企业结合起来，与推动企业战略发展结合起来，与员工履行岗位责任结合起来，使企业精神逐步成为全体员工的共同精神支柱和具体行动指南。

要激发员工活力。员工是企业的主人。企业要不断强化员工的主人翁意识，定期向员工公布企业改革发展和经营管理状况，支持和组织职工参加民主管理和民主监督，给员工以更多的知情权、发声权、监督权。要倾听群众呼声，畅通员工发声渠道，研究、处理和反馈员工的意见建议。要关注员工期待，建立既公平、公正、合理又多层次、多样化的分配体系，确保全体员工共建共享企业改革发展红利。要正确处理各生产要素之间的关系，正确处理不同层次、不同群体之间的收入分配关系，调动全体员工的积极性、主动性、创造性。要不断开展诸如岗位练兵、技术比武等群众性经济技术创新活动，开展适合企业特色、符合员工需要、员工喜闻乐见的文化活动，使企业文化牢牢扎根基层、扎根群众。

要建强人才队伍。适应时代发展和企业发展需要，不断推进智能型、技能型人才队伍建设，是推动企业文化建设的主要保障。企业要牢固树立"人力资源是企业最大资源"的人才理念，强化尊重知识、尊重人才意识，聚焦人才队伍建设，激活人才资源要素，建立和完善发现、培养、使用、爱护、鼓励人才的制度。要强化以文化育人的意识，不断完善以文化育人的工作制度和机制，规范化、常态化地加强对员工的教育培训，提高员工思想道德水平和岗位技能素质。要建立和完善开放灵活的人才引进机制，健全对科技创新领军人物和团队的激励机制，构建充分体现知识、技术等创新要素价值的收益分配制度，激发科技人才创新活力。

6. 企业文化品牌化，树立文化形象

物质层文化是企业创造的看得见、摸得着的直观物质文化，是企业核心价值观的外在体现。优秀的企业都将以文化树形象，大力实施品牌战略，以品牌建设为抓手、以品牌宣传为途径，使品牌价值真正转化企业竞争优势。

一要实施统一品牌战略。这可以壮大企业声势，增强品牌效应。要始终坚持推进统一品牌建设，完善并严格执行《企业视觉识别系统手册》，规范使用品牌标识，在所有企业形象展示中统一使用企业品牌。二要深化专业品牌建设。要加强品牌宣传的策划与实施，让企业最大限度地赢得知名度和美誉度。三要培育选树先进典型。要全面梳理企业各岗位涌现出的为企业改革发展和党的建设作出杰出贡献的个人，充分发挥卓越人物的示范引领作用，把褒扬先进的过程转化为广大干部员工自觉参与、自我教育、自我提高的责任担当，把榜样的力量转化为弘扬企业文化的实际行动。四要加强文化宣传展示。要聚合文化宣传资源，建立文化宣传片区包保责任制，深化与中央和地方主流媒体的合作关系，畅通媒体渠道。加强文化阵地建设，积极探索符合企业实际的融媒体发展策略。

（三）遵循三项融入原则——发挥文化作用，引领企业发展

1. 把文化融入制度，让制度彰显力量
2. 把文化融入业务，让业务凸显重点
3. 把文化融入队伍，让队伍标显价值

文化是源，制度是流；文化是根，制度是干。我们要将企业文化理念贯穿于企业的体制、机制和日常管理之中，积极融入企业改革发展各项工作，充分发挥企业文化的强大引领作用。

1. 把文化融入制度，让制度彰显力量

企业要大力推进企业文化融入企业中心工作，及时修订完善企业规章制度，使文化具体工作理念融入生产经营、安全质量、技术创新、风险管理、内控合规等业务制度流程，固化到组织架构、战略决策、资源配置、干部选任、考核奖惩、评先评优等内部管理之中，逐步建立起与企业文化相适应、相配套的管理体系，以健全完善的制度流程规范企业和员工的行为。

2. 把文化融入业务，让业务凸显重点

文化必须为企业负责，企业必须服务于生产经营中心工作。企业要根据自身战略发展及规划，围绕经营管理的主战场，提出自己的企业使命；根据

主要业务定位，提出鼓舞人心、敢为人先的愿景，要进一步明确企业的经营发展方向。围绕企业中心工作，总结提炼诸如创效文化、执行文化等支撑企业主体文化的若干子文化；要广泛宣传企业自身的系统文化理念，引导广大干部职工在具体行动中，自觉锻造忠诚于企业的职业道德，推动企业管理再上新台阶。

3. 把文化融入队伍，让队伍标显价值

企业文化的激励作用有助于增强员工向心力，提升凝聚力，让员工紧密团结在企业的发展战略下向着同一个目标奋斗。要将企业文化与队伍建设结合起来，坚持正确的用人导向，加大优秀年轻干部选用力度，构建职业化发展平台，差异化引进各类人才，强化各类人才队伍建设，包括工作以外的文化体育娱乐等兴趣人才队伍建设。建立基于企业文化理念的绩效考核机制，让"奖优罚劣，奖勤罚懒"的考核导向，成为物质奖励、评先评优、干部选拔任用的"风向标"和"度量衡"，真正实现管理人员"能上能下"、员工"能进能出"、收入"能增能减"，引导员工树立正确的价值观、道德观，肩负起更多社会责任，激励员工以最饱满的热情全身心投入到企业活动中，为企业、社会创造更多价值。

第十二章 163 盈利速胜术

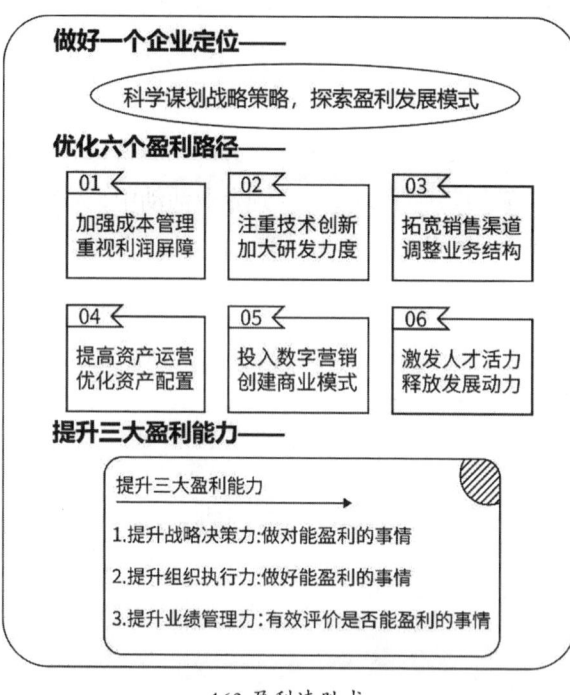

```
做好一个企业定位——
    科学谋划战略策略，探索盈利发展模式
优化六个盈利路径——
  01            02            03
  加强成本管理     注重技术创新     拓宽销售渠道
  重视利润屏障     加大研发力度     调整业务结构

  04            05            06
  提高资产运营     投入数字营销     激发人才活力
  优化资产配置     创建商业模式     释放发展动力
提升三大盈利能力——
    提升三大盈利能力
    1.提升战略决策力：做对能盈利的事情
    2.提升组织执行力：做好能盈利的事情
    3.提升业绩管理力：有效评价是否能盈利的事情
```

163 盈利速胜术

企业盈利能力就是企业的资金或者资本增值的能力，通常被描述为企业获取利润的能力，在企业发展中表现为在一定时间内收益数量金额的多少或者是收益水平高低。中小企业作为国民经济发展的主力军，对于推动我国现代化经济体系、实现高质量发展具有重要作用。新时代背景下，中小企业的盈利既迎来了发展又需要接受挑战，直接关系着企业经营状况。企业盈利模式在一定程度上决定了企业的经营状况，是实现企业经营目标的关键和保障，是企业在市场中求速胜的杠杆。

（一）做好一个企业定位——科学谋划战略策略，探索盈利发展模式

中小企业应立足角色定位，苦练内功，科学谋划顶层战略和经营策略，积极探索更加符合自身实际的发展模式，在高质量发展中实现盈利能力提升，并不断助力和推动社会经济发展，实现社会效益和经济效益相统一。

坚持战略导向，推动转型发展。科学、前瞻、切合定位的战略，是中小企业长久健康发展的保证。在战略制定上，中小企业应回归经营本源，紧密围绕功能定位，结合自身资源禀赋，将战略规划同国家战略、地方经济发展目标统一起来。在战略实施中，中小企业一方面要坚持战略的导向性，经营中有效承接顶层设计的要求和部署，并保持战略的延续性和定力；另一方面，要紧跟政策要求和市场导向，加速推动一改传统的低成本战略（成本领先战略），实现向差异化和集中化战略的转型，以及向产品战略、品牌战略、竞争战略等方向转型发展，探索出一条利润丰厚的蓝海空间、资本消耗低、发挥特色优势、内生能力强的高质量发展道路。

以客户为中心，提升服务质效。中小企业应做到真正以市场为导向，以客户为中心，以经营客户、创造价值为主线，统筹各项业务的开展。以客户为中心，就要树立为客户优质服务的理念：一是客户的期待或需求。客户是怎么想的，想要什么，是满意还是不满意，是一个心理上的感觉，主要是主观因素（引导客户）；另外，满足客户的利益需求是客观因素（专业技术）。二是超越、是专业。仅仅达到还不够，要做到最好，让客户感觉我们是专业的，认可我们，远远超出客户的期待，令人难忘。三是团队精神。为客户服务的同时，要让客户感觉到我们有一个专业团队在为其提供专业服务及后方支撑，不是孤军作战，使客户对我们信任、认可。以经营客户、创造价值为主线，统筹各项业务的开展，就要让每一个员工都应牢记自己的工作使命，始终把客户需求放在第一位，切切实实帮助客户解决问题、创造价值。

优化资源配置，提升精细化管理水平。中小企业主要通过规模扩张实现业务增长的途径已经不可持续，应将原有的"增量"思维转变为"存量＋增量＋流量"并重，以降本、增收、风控为核心，从内部的资源摆布、业务结构和风险管理出发，实现更高水平的精细化管理。就是要认真做好每一件"小

事"，在企业复杂的管理过程中全面体现关注细节的原则，必须坚持高标准、严要求，把每一项细小的工作落到实处，不断提高工作质量；就是要把简单的事做对，而且持续做对，必须强调执行，强调操作方法和流程，无论是企业还是企业家，无论是管理者还是员工，都必须从细节上很好地解决这个问题；就是要把执行力量化，在管理中将工作内容及制度以量化的形式提出要求，并使之涵盖工作全过程；就是要全员参与，改变习性，强化精细意识，求真务实，从点滴做起，在细微处着眼，脚踏实地，把每一个细节做到"零缺陷"，不断追求卓越；就是要从大处着眼、小处着手，养成注重细节的习惯，在把握大方向、大战略的前提下，还要密切关注和做好每一件小事。

　　加强协同合作，实现优势互补。虽然中小企业规模较小，经营区域受限，在激烈的市场竞争中面临较大挑战，但是中小企业具有较好的地缘优势，有独特的资源禀赋，在牌照、客户、产品、渠道、信息、科技等方面存在很大的资源互补空间。因此，中小企业应不断深化合作，凝聚竞争合力。一是建立协同创新网络，中小企业在创新网络中，企业通过网络关系获取信息并建立互利共赢的关系，也能充分提供自身优势和核心专长与伙伴共享，从而导致各项活动的多样性，充分发挥自身资源优势从而导致各项活动费用的降低和经济效益的提高，也通过外部资源来激发内部冗余资源活力，从而获得范围经济。二是产学研结合，在我国，高等院校和科研机构拥有丰富的知识储备、先进的技术设备和较高的技术研发能力，企业的市场开发能力强，并且拥有比较丰富的实践经验，能够给高等院校和科研机构的研发提供市场信息，使其技术创新不脱离市场需求，提高技术创新的成功率，而且企业与高等院校和科研机构不存在同业竞争的关系，两者联合起来可以实现优势互补。三是产业联盟模式，中小企业必须建立技术创新联盟，利用战略联盟的组织平台来推动其协同发展。还可以利用协同企业的创新人才资源、技术开发设备或市场渠道，进行有效的外部技术、知识和人才的引进，提高信息传递的速度。四是与金融机构协同，银行等金融机构可以为中小企业提供贷款等金融资助，使企业的技术创新活动能够延续下去。同时，金融机构还能为中小企业提供行之有效的投资建议，减少中小企业技术创新的盲目性。五是与政府、行业协会协同，政府建立的公共信息平台，如技术信息平台和人才信息平台，能够为中小企业的创新提供所需的市场信息、技术信息和人才信息。同时，通过政策引导、政策激励、法律保护、关系协调等方式对整个协同创新活动产生推动作用。

（二）优化六个盈利路径——符合企业自身实际，突破盈利现实困境

1. 加强成本管理，重视利润屏障
2. 注重技术创新，加大研发力度
3. 拓宽销售渠道，调整业务结构
4. 提高资产运营，优化资产配置
5. 投入数字营销，创建商业模式
6. 激发人才活力，释放发展动力

企业盈利能力就是企业的资金或者资本增值的能力，通常被描述为企业获取利润的能力，在企业发展中表现为在一定时间内收益数量金额的多少或者是收益水平高低。在新的时代背景下，机会与挑战并存，中小企业想要得到长期、持续、有效发展，就必须要注重自身盈利模式的转变，提升盈利能力，突破在业务结构、成本控制、资产管理等各方面问题，不断调整业务结构，深入结构改革，优化资产配置，注重核心竞争力的发展。因而，企业盈利模式的优化，关键在于企业自身对于外部环境的感知与内部的调整。

1. 加强成本管理，重视利润屏障

成本与利润之间有着重要的关系。当成本居高时，企业想要保持较高的利润以及盈利能力，就必须要加强成本管理，创新盈利的模式。首先，完善原材料的采购制度。中小企业在成本控制能力较为缺乏的一个关键就在于对于原材料缺乏管理。很多企业建立模式较多，比如一些创新型企业就是从课题发展而来，由此在原材料的采购中，采购人员缺乏比价能力，进而导致成本增加。因此，借助科学合理的采购模式，针对原材料的供应商进行选择挑选出品质高、价格合理的原材料供应商，这就有助于实现盈利。其次，将成本费用控制融入企业各个部门中，各个部门需要建立起一套科学合理的成本管理体系。很多企业依靠财务对于成本进行控制，但是实际上，在较大的生产、

经营上的成本需要从内部进行优化，确保成本的合理性。再次，建立利润屏障。利润屏障是一种有效地防止公司利益被其他公司瓜分的手段。在企业发展中，利润屏障可以是公司特有的资源，也可以是公司良好的成本控制能力和盈利能力。不同的利润壁垒会有差别，其入市门槛有高有低。不容易打破的利润屏障，能够为企业长期提供盈利；相反，有些利润屏障容易被打破，同类企业很容易能够模仿和生产经营，从而形成激烈的市场竞争。重视企业产品和服务的利润屏障，不断提高企业的核心竞争力，才能在激烈的市场竞争中不断地保持企业的竞争力，在众多企业中处于优势的地位。

2. 注重技术创新，加大研发力度

无论市场环境如何变化，市场竞争的核心是"产品"，缺乏产品就缺乏市场吸引力，其市场竞争力不足，盈利模式仍旧单一。因此，在新时代中小企业需要注重技术创新，加大研发力度。一方面，企业经营的管理者需要明确技术创新的重要性，认识到技术创新对于企业这一时期发展的突出作用，尤其是一些新兴行业企业，本身市场份额较少，市场占比不高，其资金来源与价值都在于技术的创新。在技术创新之下，企业就能在一定程度上转变盈利模式，提升盈利能力。另一方面，要加大研发力度。很多企业虽然在支持技术创新，但是对研发的投入力度不足。因而加大研发力度，投入更多的资金，确保技术的研发，实现自主创新。将自己产品往高端、智能方向发展，提升产品竞争力。同时，引进更多专业人才，组建专业团队，丰富团队人员层次，从而才能更加集中地推动技术创新。从人才方面，减少人力成本，从而改变企业盈利模式，实现企业多元化的发展。尤其是在新时代的背景下，中小企业必须要重视长期利润，追求长期利益，抓好核心要素，借助技术创新，促进企业盈利模式的转化。

3. 拓宽销售渠道，调整业务结构

新时代下，中小企业盈利模式受到多方影响，不仅是来自外部，最关键的是企业内部的改变与发展。因此，企业需要关注自身盈利内容，从多个步骤共同发展，促使当前企业盈利模式的改变。在销售方面，为了专注于市场消费者，开展销售业务的企业必须要拓展自身销售渠道，做好市场调查，调整销售策略，重视新型销售模式。如运用好电商经济，深入挖掘更多的营销渠道，从产业生产、包装、销售等各个环节，严格把关。同时，拓展销售模式，找准自身优势，制定适合自己的销售模式，使得自身业务广、产品多，防止龙头企业垄断。当前消费者在消费方式上逐步多元化，给予消费者多样的选择，是提升企业自我发展的关键。因此，在内部经济环境的影响下，企业盈利能力必然会受到挑战，中小企业在发展中，需要抓住自我优势，调整自身业务结构，根据市场需求，在现有产品的基础上，拓展产品业务线，实现横向、纵向拓展，为消费者提供更多的可能。并且还需要对于已有产品进行转型升级，完善相关的配置，拓展衍生的服务业务等，从而让企业能够在种类繁多的市场上得到发展。

4. 提高资产运营，优化资产配置

企业资产运营主要包括：资产存量运营、资产增量经营以及资产配置经营。因而在企业盈利模式优化中，注重自身资产运营与配置，能够强化中小企业抵抗风险的能力，在动荡的市场环境下得以生存。首先，在资产存量运营的管理中，需要提升资产的使用率，主动利用闲置的资产进行盈利，确保企业各项资产的利用，保证资产的价值。其次，在资产增量经营中，需要充分发挥增量资本的利用率，用最低的代价获取增强的资本。这些需要企业财务管理发挥自身优势，强调资产的运营与管理。最后，在资产配置经营中，不仅是需要企业自身资产最优化，还需要与企业其他资源集合。比如人力资源、自然资源等，将其充分利用，严格把控资产，更新资产配置结构，从而保障中小企业的稳固性。能够抵御外部风险，不断提升自身价值，将资产效益与风险结合，促使企业能够从中获利。中小企业在竞争力的提升中，还需要加强对于现金流的控制，现金流是企业资产重要组成部分，构建有效的现金流管理体系，将管理落实到位，把握现金流向，这样才能从多个角度实现企业利润的最大化。

5. 投入数字营销，创建商业模式

在大数据时代，由于传统数据的传播与网络数据传播有本质的不同，因此以前以抽样调查来分析数据，了解广告达到的效果，了解受众群体的心理变化和行动变化将无法获得预期效果，另外，整个社会将呈现"碎片化"的特征，大众品牌影响力的下降和大众媒体接触的减少是大众市场"碎片化"的两大特征。因此，以前主要通过品牌和广告来传输信息的效果将大大削弱。在大数据时代，企业能够全程搜集和记录顾客在各个渠道的行为以及在产品各个生命周期顾客购买行为变化的数据，因此，使企业开展"精准营销"成为可能。中小企业要勇于投入数字赋能，进行市场营销创新，还要持续创新。要根据信息传播方式的改变以及社会发展的变化，采用各种适用的新方法，善于把以前营销方法与现代营销方法相结合，采取有效的营销手段，敢于使用新型的技术、方法来进行创新，从而提高企业的竞争力。与此同时，基于电子商务平台和第三方服务平台产生的大数据给中小企业的运营管理模式创新带来了可能。中小企业可以整合产业供应链资源，进行产业模式创新；也可以根据网络条件下，企业与顾客、合作伙伴、竞争对手、供应商、员工之间的关系变化，进行企业全新投入；还可以通过"网络生态系统"最大限度地整合资源，创新协同价值链，从而提供全新的产品与服务，创新出新的商业模式。

6. 激发人才活力，释放发展动力

激发人才活力、释放发展动力是企业发展的关键。随着企业的不断发展，面临的机遇和挑战越来越多。在当今竞争激烈的市场环境下，人才是企业最重要的资源，企业各类的骨干人才能从根本上解决企业的盈利问题。

必须要重视人才的培养和发展。企业要不断推进人才发展战略，完善人才激励机制，创造有利于人才成长和发挥作用的良好环境。要通过提供培训、学习和晋升机会，让员工不断提升自己的能力和素质，实现自我价值。

必须要建立科学的人才评价机制。要以能力和业绩为导向，建立科学、公正、客观的人才评价机制，对不同类型的人才进行分类评价，充分挖掘和利用人才资源。同时，要鼓励员工自我评价和互相评价，促进人才队伍的良性竞争和协同发展。

必须要营造良好的企业文化氛围。要积极培育富有特色的企业文化，营造良好的工作氛围，提高员工的归属感和忠诚度。不仅要聚焦企业的盈利问题，同时，要关注员工的福利待遇和生活质量，让员工真正感受到企业的关怀和支持。

（三）提升三大盈利能力——提高企业运营效率，保持企业基业常青

  1. 提升战略决策力：做对能盈利的事情
  2. 提升组织执行力：做好能盈利的事情

3. 提升业绩管理力：有效评价是否能盈利的事情

盈利能力是企业的生命线。只有保持稳健的盈利能力，企业才能有源源不断的现金流，才能更好地进行研发、拓展市场、提升服务质量。因此，提升企业的盈利能力是每一个企业管理者的重要任务。

1. 提升战略决策力：做对能盈利的事情

战略决策力有四要素、五要素的两种划分方式。

四要素包括：

一是客户选择。你希望拥有哪些客户类型？你又能为他们提供什么价值？他们又如何让你赚取合理利润？

二是价值获取。你怎样从目标客户那里获取自己希望的回报？除了产品这个直接载体之外，还有其他什么办法吗？

三是战略控制。潜在的利润如何加以保护？客户的真实购买理由是什么？他们又会如何被竞争对手挖走呢？

四是业务范围。企业主要的经营活动是什么？又需要做出什么变化？以留住最佳客户，带来预期的高利润，并实现有序的战略控制呢？

五要素则包括：盈利源、盈利点、盈利杠杆、盈利屏障和盈利家。

盈利源与客户选择相近，盈利点与业务范围相近，盈利杠杆与价值获取相近，盈利屏障与战略控制相近，但相比之下，前者的视野都相对开阔一些，而且盈利家还更上一层楼，强调人的因素的重要性。

一般来说，战略决策力形成的盈利模式构成可以用四要素来分解，而盈利模式确定之后的再检验，则可以用五要素来深入研判。

盈利模式的四个要素，要保证其整体设计始终围绕目标客户最在意的需求偏好，这样才能把企业经营带入理想的利润区。同时，这四个要素要协调一致，相互促进，就像营销 4P [Product（产品）、Price（价格）、Place（地点或渠道）、Promotion（促销或传播）] 服从于品牌定位，企业盈利模式四要素则要服从于既定的利润指标。

2. 提升组织执行力：做好能盈利的事情

组织与执行力的落实，就是要提升管理高效率与低成本。而唯一真正有效的成本削减途径就是同时减少作业。要尽量删去那些无效的成本，但不能轻易去做那些不该做的事。企业不能管理成本本身，而是要管理导致成本发生的内在流程和作业。传统成本控制并未删除产生成本的动因——作业，简单削减预算，成本最终也会恢复到原有水平；而经过价值链分析后削减作业，成本自然就会减少。

把成本控制的立足点从传统的生产阶段转移到产品规划设计阶段，从业务下游转移到源头。这种源流的管理，从一开始就实施充分透彻的分析，有助于避免后续制造过程的大量无效作业，耗费无谓的成本，使大幅度降低成本成为可能。即消除非增值作业，改进和提高增值作业效率，优化作业链和价值链。

3. 提升业绩管理力：有效评价是否能盈利的事情

实行以利润为导向的发展战略。一个企业要生存、要发展、要壮大，首先必须要制定发展战略，在未来一个时期内做一个统筹规划，如1年、5年甚至10年的发展轨道，确定该朝哪个方向走、怎样走，以实现企业可持续发展。这就是一个企业的发展战略——规划企业明确的发展目标和方向，且必须紧紧围绕这个战略去操作，把它作为企业行为的基础和原则，作为约束企业的短期行为和长期行为的主要规范，判断企业行为是否合理的依据就是它。

企业的目标是生存、发展和获利，无论是公司或是企业，都是以盈利为目的的生产经营组织，追求最大利润是每一个在市场经济中角逐的企业的现实目标，可以说企业最大的目的就是追求利润的最大化。因此，衡量一个企业的生存发展战略既要以利润为出发点，又要以利润为核心，最后还要通过利润来体现。那么，什么是"利润"？

所谓利润，有商业常识的人都知道，就是企业的销售收入减去成本。它实际上是一个尺度，度量企业为消费者创造的价值，高出你使用这种资源的社会成本多少。如果消费者愿意支付给你的价格，低于你使用这种资源的社会成本，你就亏损了。没有利润可言的企业又如何谈公司的生存和发展？因此，如何以利润为导向制定适宜的企业发展战略成为首要之关。

第十三章　163运营制胜术

企业的运营能力是企业发展的内生动力，是企业制胜于千里之外的根基。企业的正常运营离不开日常的经营与管理，对此，在实际的运营过程中，务必要正确认知企业当前经营与管理过程中所存在的问题，进而提出有针对性的解决策略，如此方能在降低企业运营风险的同时提高企业的市场竞争力，从而保证企业可持续发展目标的顺利实现。

（一）坚守一个企业运营目的——带来价值，赋予收益

不管是互联网公司，还是传统行业，运营都应该是非常核心的职能。原因很简单：只要企业需要存

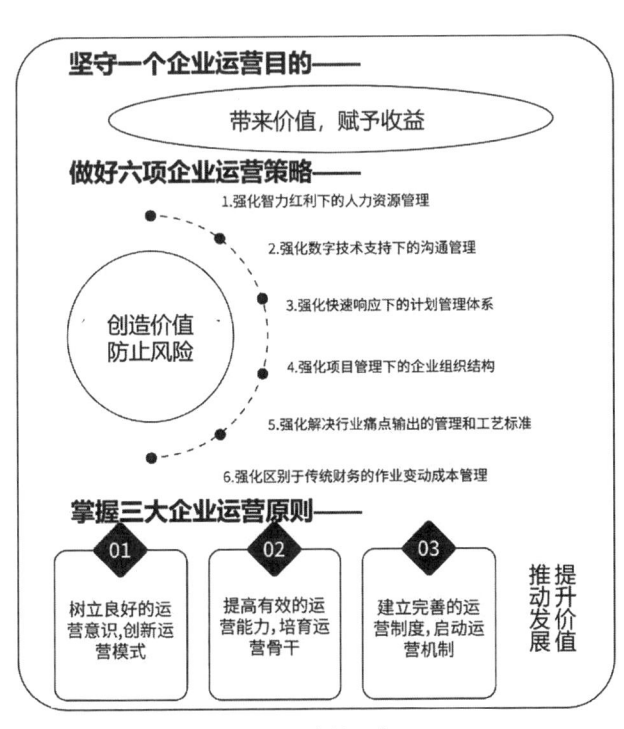

坚守一个企业运营目的——带来价值，赋予收益

做好六项企业运营策略——
1. 强化智力红利下的人力资源管理
2. 强化数字技术支持下的沟通管理
3. 强化快速响应下的计划管理体系
4. 强化项目管理下的企业组织结构
5. 强化解决行业痛点输出的管理和工艺标准
6. 强化区别于传统财务的作业变动成本管理

创造价值 防止风险

掌握三大企业运营原则——

01 树立良好的运营意识，创新运营模式

02 提高有效的运营能力，培育运营骨干

03 建立完善的运营制度，启动运营机制

推动发展 提升价值

163运营制胜术

活,想要活得比别人都好,运营就不可或缺。因为运营实际是为企业带来收益。这个收益不管是用户规模,还是收入水平,都必须是决定性的。一家互联网公司,可以没有收入,但不能没有用户,用户规模能上去,哪怕你现在不知道怎么赚钱,至少你有赚钱的机会。因为这么多人,总会有人愿意为你买单。一家传统企业,想要财务平衡,没有运营也是做不到的。

那么,运营的最终目的,其实已经很明白了。很简单一句话:"带来价值,赋予收益。"如果做不到这八个字,那么,不管是传统企业还是互联网公司,一定出问题了,而且,还是大问题呢!

所谓"带来价值",就是说企业运营是组织生存和发展的核心,它的最终目的是带来价值。一是客户价值,这就需要企业关注市场需求。要以客户为中心,必须了解客户的需求和期望,根据市场需求进行产品和服务的设计、生产和销售。同时,还要通过不断提升产品质量和服务水平,满足客户的需求,争取客户,创造客户,赢得客户的信任和忠诚。二是值钱的价值,这就需要企业关注成本和效益。在满足市场需求的前提下,企业要尽可能降低成本,提高效率。通过优化流程、减少浪费、提升人力资源效率等方式,实现企业的成本领先和效益领先,为企业创造更多的价值。三是持续发展价值,这就需要企业关注创新和风险管理。企业要不断进行产品和服务创新,以适应市场的变化和满足客户的新需求。同时,还要加强风险管理,防范各种可能的风险和挑战,确保企业的稳健发展。

至于"赋予收益"之说,实际上有着更多的内涵和价值。收益不仅代表着企业的经济效益,更是企业在市场竞争中取得优势的重要体现。因此,我们要在运营管理中注重收益的创造和提升。

(二)做好六项企业运营策略——创造价值,防止风险

1. 强化智力红利下的人力资源管理
2. 强化数字技术支持下的沟通管理
3. 强化快速响应下的计划管理体系
4. 强化项目管理下的企业组织结构

5.强化解决行业痛点输出的管理和工艺标准
6.强化区别于传统财务的作业变动成本管理

面对经济全球化逆流趋势和百年未有之大变局，党中央明确提出了要构建以国内大循环为主体、国内国际双循环相互促进的新发展格局。企业要想通过双循环实现产业的关联畅通和企业的内生发展，离不开产业升级、技术升级、价值升级，以此来扩大内需、改变消费结构，使国内大循环发挥引领作用，带动国外循环。无论是产业升级还是技术创新，其本质都是为企业创造更多的价值，这就要求企业注重各个环节的协同，通过培养强大的运营能力，防止各环节出现脱节、错配等结构性风险，实现每个环节的价值最大化。

1. 强化智力红利下的人力资源管理

双循环的发展格局要求企业紧紧抓住人才这个关键，进行智力再造，建立健全人才发现、培养、激励等机制，发挥不同类型人才的作用，尽显智力水平。所以，企业一定要注重引进智力红利、智力升级，吸引受高等教育人才。面对人口红利升级，企业要引进新的智力红利，抓住高等教育人才，掌握企业升级浪潮主动权，提高管理人员的管理水平：建立学习型组织，提高内生动能，来满足生产管理模式的精益化升级，使得新旧动能转换有充足的动力。

2. 强化数字技术支持下的沟通管理

企业可以依托数据、算法、网络、平台等数字资源要素实现信息的快速流转和利用，利用数字化手段解决数据在周转过程中的不畅、信息不对称等问题，达到信息的快速共享。要嫁接数字化手段，数据赋能，提高沟通效率。借助5G、窄带物联网、云计算、大数据、区块链和边缘计算等新一代信息技术实现沟通的升级，以更快的速度响应信息变化；建立企业级互联网平台，实现资源的自动关联。

3. 强化快速响应下的计划管理体系

计划体系要完整且精细，要健全且有反馈。众所周知，计划管控能力是企业能否实现双循环下链主位置的主要抓手。我们要建立订单穿透下的计划管理体系，内通外联，加快信息流转速度，利用强大的数据处理、信息共享能力去进行计划的管控，确保从供应商提供原材料，到生产端生产制造，再到交付给客户都在计划之内，可以通过建立订单穿透下的计划体系来支撑完成。

4. 强化项目管理下的企业组织结构

由于大部分企业是接单式生产，每笔订单都是一个项目，所以企业要建立项目管理下的组织结构，应对接单式的流程生产。企业要建立新型的组织结构，要进行管理升级，发挥智力优势，改变"重业务，轻管理"的现象，各部门既要相对独立，各司其职，又可以根据公司的接单式生产建立项目组，积聚各部门优势，快速响应。通过项目管理式的组织结构，优化与再造流程、提高管理效率，提高自己的管理水平。

5. 强化解决行业痛点输出的管理和工艺标准

企业要想实现管理升级，要利用先进的工业工程相关知识，引入标准的概念，实现管理的标准化流程化新体验，提高企业效率和效益。要实行流程化标准化管理，对外输出，发挥龙头企业标杆作用，将标准化穿插在企业运营的方方面面，以流程化标准化最大限度地利用现有的资源；通过标准使隐性知识显性化，快速实现管理复制，加速价值的变现。通过流程化标准化管理，形成企业的价值输出，进行打包，对外输出其服务，参与双循环的流动。

6. 强化区别于传统财务的作业变动成本管理

所有的企业核心就是成本管控，由于有些企业的性质，决定它不直接面对消费者，营销端的利润与企业无关，只能通过控制自己的成本来增加自身的利润。这就要求一些企业要注意引入作业成本管理，降本增效，提升企业价值和利润；引入作业成本管理，强化员工成本管理意识；控制全链条成本，将成本透明化，实现成本最小化。

（三）掌握三大企业运营原则——提升价值，推动发展

1. 树立良好的运营意识，创新运营模式
2. 提高有效的运营能力，培育运营骨干
3. 建立完善的运营制度，启动运营机制

企业的运营作为企业最基本的生存能力，直接关系到企业是否能够稳定健康地向前发展。因此，在现代竞争异常激烈的社会背景下，企业要想占据有利地位，必须树立良好的运营意识、提高运营能力、建立运营制度来提升自身的运营水平，从而推动企业发展。

1. 树立良好的运营意识，创新运营模式

要想切实提升企业的运营能力，除了需各方面的倾力配合与协助外，运营模式的创新亦是企业管理的重点，唯有于传统模式上进行不断创新，方能对运营的各项工作形成有效指导，进而确保各项工作的有序开展。随着社会的不断发展，我国也早已完全步入信息化时代，在新的时代背景下，企业的运营模式创新也应注重信息技术的应用。一方面，企业加强对自身的信息化建设，能够及时掌控市场的发展变化，从而制定有针对性的经营策略来促进自身运营水平的提升。另一方面，则是采用现代先进的信息技术，将有利于企业职工工作效率的提升。此外，随着信息技术的不断发展，将为企业的运营提供更多便利，对此，企业更应给予足够重视，从而将企业的信息化建设融入企业经营过程的各个环节，以进一步降低企业的运营风险，进而在促进企业运营效率全面提升的同时促进预定运营目标的顺利达成。

2. 提高有效的运营能力，培育运营骨干

企业拥有怎样的人才将在极大程度上决定企业未来的发展高度。因此，企业务必要重视对人才的培养，努力提升企业运营人员的理论水平和运营能力，并加大在经营和管理理念与实践方面的培训力度，以提升企业运营人才的综合素质，使其具备良好的运营能力，从而为企业的发展寻求更多的机遇。作为企业，只有不断加大对人才的培养力度，才能为企业实现可持续发展提供有力的保障。

3. 建立完善的运营制度，启动运营机制

建立完善的企业运营制度对促进企业的运营能力而言，不仅能起到良好的推进作用，也是创新企业的重要前提。科学、合理的制度才能有效约束并限制运营工作领导和人员行为，以保证运营工作领导和人员行为符合制度的要求，进而提升企业的整体运营落实能力。建立完善的现代企业的运营制度首要目标应是改变企业内部现有的组织模式，同时要积极引进高素质人才，为企业的发展增添活力。运营制度的构建要从全局出发，结合企业目前的生产、经营状况，全面分析、综合考量，以保证制度的全面性与合理性。此外，构建完善的运营制度还需制定相应的奖惩制度，这样才能保证运营制度的顺利执行。

第十四章 163 技术竞胜术

在推进中国式现代化建设中，企业要始终如一地持续推进技术创新，才能接续健康发展。企业竞争取胜的表现形式是市场竞争能力，市场竞争能力的根本是技术创新能力，技术创新能力是市场竞争能力的前提和保障。

（一）技术创新的一个目的——提高企业竞争力

所谓企业技术创新，是指企业把科技成果引入生产过程所导致的生产要素的重组或生产函数的转移。它是企业在商品经济条件下所必须采取的将科学技术与市场需求能动地结合起来，创造出这种有机结合的新产品，以适

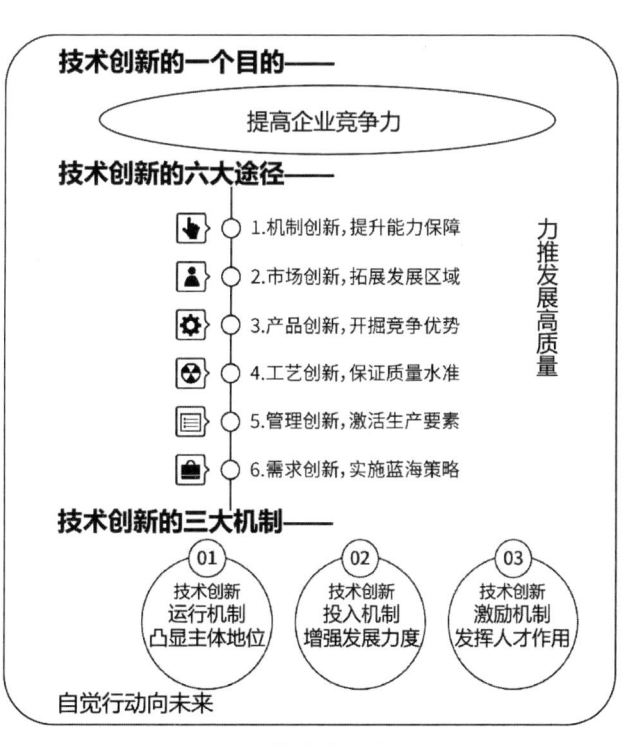

技术创新的一个目的——
提高企业竞争力

技术创新的六大途径——
1. 机制创新，提升能力保障
2. 市场创新，拓展发展区域
3. 产品创新，开掘竞争优势
4. 工艺创新，保证质量水准
5. 管理创新，激活生产要素
6. 需求创新，实施蓝海策略

力推发展高质量

技术创新的三大机制——
- 01 技术创新运行机制 凸显主体地位
- 02 技术创新投入机制 增强发展力度
- 03 技术创新激励机制 发挥人才作用

自觉行动向未来

163 技术竞胜术

应和满足市场需求，又刺激和重创市场需求，以提高企业经济效益的创造性行为。这种行为按其功能来看，包括企业创新的环境、资源、效率、效益及组织。也可以按其时序将其分为三个阶段，即企业技术创新的决策阶段、实施阶段、实现阶段。

研究表明，创新活动至少有三个方面的意义：第一，创新的本质是人们对新技术信息的掌握过程。无论是生产新产品的产品创新，还是生产过程（产品不变）的创新，直接产出的都是新技术，而且这种新技术都会以信息的形态出现。第二，创新过程的本质是实验，把某种新事物加以实验就是创新。第三，创新结果的本质是创造性地改变现状。创新产生的技术实现商业化后，就会改变过去的状态而建立新的程序。通过创新，企业提高了自己的技术实力和市场竞争能力，可以积极开拓新的市场，从而促进企业的长期发展。

（二）技术创新的六大途径——力推高质量发展

1. 机制创新，提升能力保障
2. 市场创新，拓展发展区域
3. 产品创新，开掘竞争优势
4. 工艺创新，保证质量水准
5. 管理创新，激活生产要素
6. 需求创新，实施蓝海策略

企业的技术创新无论对企业自身，还是对社会，其效用是巨大的，但其技术创新并不是盲目的，而是遵循一定的规律，依照一定的途径。

1. 机制创新，提升能力保障

国有企业应深化企业改革，建立以企业为主体的技术创新机制，构筑产权清晰、权责明确、政企分开、管理科学的现代企业制度；建立适应社会主义市场经济的政府管理体制、投融资机制、人才机制。提升企业的竞争实力，以"制造差别化"来战胜竞争对手。在机制的保障下，利用自己的研究开发优势，在产品的品种、性能、质量等方面制造差别化；利用先进的工艺设备，通过大规模的技术改造，降低生产产品成本，构筑同等质量下的低价格优势；利用流通领域的能力，通过优质的售后服务创造服务方面的差别化。可以说，任何一种差别化都离不开技术创新，而技术创新的实现必须依靠技术创新能力的提高。

2. 市场创新，拓展发展区域

企业技术创新的实现，必须以市场为保障。企业技术创新很大程度上依赖于企业对市场的反应能力和敏感性。企业创新必须立足于市场，在成本、管理、售后服务等方面对技术创新作出相应的支持。企业要能够及时通过对市场的分析把握客户需求，充分与供应链的上下游环节合作，开发客户需求（包括潜在需求）的产品。简而言之，企业的技术创新实质就是一个从市场分析到产品定型再到市场营销的过程，也是一个从市场营销到市场分析再到产品定型的过程。

3. 产品创新，开掘竞争优势

任何一种产品被市场接纳程度和销售状况都是动态变化的存在一个类似于生物的生命周期：诞生→成长→成熟→衰退。世界上不存在永恒的畅销产品，任何一种产品都有自身的生命循环，都要在往复循环中推陈出新、更新换代。成功的企业必然是新产品层出不穷，一代胜似一代的企业。因此，产品创新是企业活力和竞争力的基本表现。我国的国有大中型企业，大多是在计划经济体制下诞生，按照国家指令计划生产，长期以来，形成了几十年不变的老产品、老格局，显然，这是不能适应市场经济条件下以需求为导向的大生产的。

结合我国工业企业中大中型企业的现状来看，关键是要以最快的速度、最小的投入、最低的消耗来发展创新产品，迎头赶上世界先进国家，归纳起来，可供借鉴的方式有：

一是功能变化式创新。产品的创新，贵在功能创新，在现有产品的基础上，去开发、挖掘它新的功能。如阿司匹林，已经是一种近乎被淘汰的西药，但最近的科学研究证明它具有抗癌作用，于是阿司匹林再度成为一种畅销药品。产品的功能创新，主要包括功能追加、功能替代、功能压缩、功能综合、功能创造等五大类别。

二是技术融合式创新。即运用成熟的新技术、发展的高技术、引进的先进技术进行优化融合，达到融合出新知、效能，融合出优势的要求。改革开放以来，我们国家大批引进先进技术，在此基础上进行国有化改造，就是运用这种途径，取得了十分显著的效果，这种方式已成为我国大中型企业迎头赶上世界先进技术的重要手段。

三是品种外拓式创新。主要指在产品的规格上的不断延伸，使之多样化、个性化和高技术化。也就是先以某种创新产品为龙头，发展创新产品群的方法。

四是产品剔弊式创新。就是以现有产品为基础，解决本身存在的缺陷而成为新产品的一种创新方式。任何一种产品开始投入都不可能尽善尽美，必须迅速解决产品使用中暴露的问题，达到整体优化。

4. 工艺创新，保证质量水准

工艺，是指将作为软件形式的产品设计转变为现实产品所要采用的技术手段，根据资料介绍，就生产率提高的贡献来讲，工艺占59%，劳动力占14%，由此来看，工艺创新的意义就十分重大。但长期以来，由于我国劳动力人口相对过剩，对先进工艺的采用，缺乏一种直接驱动力，这也是造成我国国有大中型企业工艺设备落后陈旧的重要原因之一。

产品的质量是企业的生命，而质量又是由工艺来保证的，就我国的国情来看，工艺的创新应围绕四个方面进行。一是工艺要围绕提高产品质量等级品率创新。为提高产品质量等级品率，企业工艺必须实现工艺技术、工艺管理、工艺纪律的三位一体，协调创新。这三者是互相依赖、互相补充、互相促进的。二是工艺要围绕减少质量损失率创新。通过加强工艺创新，减少质量损失，降低成本，以求增加产品竞争力的一条有效途径，为达到这个目的，企业工艺要软硬结合，配套创新。三是工艺要围绕提高工艺产品销售率创新。为了提高产品的销售率，企业工艺要结合两种产品，实行连锁创新。一种产品是具有魅力的物化产品，另一种产品是依附于物化产品的特殊产品——优质服务。实现这两种产品的连锁创新，就能吸引顾客，刺激需求，战胜对手，抢攻市场，拓展渠道扩大销售。四是工艺要围绕提高新产品产值率创新。单一形式工艺的创新，已不能适应新产品的需要，要加快企业技术创新和产品创新的进程，就必须提高企业整体技术水平，荟萃高新技术，实现合成创新，使新产品产值在同期工业总值中的比重能逐年增加。

5. 管理创新，激活生产要素

管理能使潜在的生产力变成现实的生产力，当生产力中诸要素处于分离状态时，不构成现实生产力，要使各种要素结合起来，就需要一种"黏合剂"，即管理。我们可以把管理的创新理解为不断创造运用新的管理理论，实现生产要素的最佳组合，从而寻求效益最大化。

管理创新包括四个任务：一是强化以质量为中心的基础管理。产品的质量问题，一直是困扰我国企业发展的问题，我国每年因产品质量不过关而造成的损失就达数十亿元。提高产品质量，应该说是我国绝大多数工业企业的重要工作，这对提高企业的经济效益，有直接作用。二是实施以效益为目标的战略管理。计划体制下的国有企业，以是否完成国家指令计划作为衡量企业经营好坏的唯一标准，而忽视了企业的经济效益，使得一些国有企业陷入了产量越大、亏损越多的恶性循环。解决这个问题的关键就在于加强核算，降低成本，提高效益。三是崇尚以员工为本的激励管理。任何先进的机器、设备，都必须由工人来操作，员工积极性能否调动，也是企业成败兴衰的关键之一。为了充分调动广大企业员工的积极性，应该采取精神物质相结合的多种激励手段。四是坚持以科技为先导的专业管理。我国大中型企业经营在很大程度上还没有完全改变过去的传统模式，偏重机械设备的购建，而忽视企业技术与开发的投入，不注重引进技术的消化吸收，这也是我国工业企业目前技术落后、质量低下、产品积压严重和后劲不足的重要原因。加强以科技为先导的专业管理，是使我国绝大多数企业摆脱困境的有效方法之一。

6. 需求创新，实施蓝海策略

所谓"蓝海策略"，认为市场边界可以被重新定义，行业结构可以被重新规划。如果把关注的焦点定格在需求端，并以用户需求为核心开拓全新的市场，那么就可以为用户创造全新的价值。而我们知道，满足人们不断增长的需求，既是技术创新的最终目的，也是技术创新的制约条件。离开了需求，技术创新就失去了方向和目标。为进一步推动技术创新，应该充分考虑现实市场的有效需求及其规律和走向，并根据消费选择制定技术选择，根据需求水平确定技术水平，根据消费趋向确定技术方向，从而达到创新发展与消费需求相一致，为此，企业要协同政府部门进行需求创新和市场创新。

（三）技术创新的三大机制——自觉行动向未来

1. 技术创新运行机制，凸显主体地位
2. 技术创新投入机制，增强发展力度
3. 技术创新激励机制，发挥人才作用

技术创新是市场经济条件下企业生存和发展的唯一出路。创新应当成为企业的自觉行为，而非政府行为。为此，必须从宏观调控、微观动力、政策激励、投融资、人才等方面来设计企业技术创新机制。

1. 技术创新运行机制，凸显主体地位

确立企业技术创新主体地位，使企业成为技术创新的投资主体、利益主体、风险主体、研究开发主体和决策主体，逐步建立起"企业主动，政府推动，科技服务，体系联动"的技术创新运行机制，形成具有自主技术创新能力的企业核心竞争力。造就职业企业家队伍，充分发挥企业家在技术创新中的核心作用。建立科学的企业领导体制，规范企业法人治理结构。

2. 技术创新投入机制，增强发展力度

深化投融资体制改革，认真贯彻落实国家促进企业科技进步的有关优惠政策和措施，建立和完善"财政引导，企业主体，金融支持，社会各界参与"的多形式、多层次的技术创新投入机制。企业要理顺银企关系，解决贷款难问题。同时，应建立风险投资机制，大力发展证券市场，积极探索建立供高新技术上市的第二板块，多渠道增加技术创新投入。

3. 技术创新激励机制，发挥人才作用

要实现创新人才的市场价值，就要建立和完善人才激励机制。要进一步完善和落实技术入股等政策，形成技术创新人才培养、使用、评价、激励的市场机制，创造优秀人才能脱颖而出的宽松的市场环境。贯彻分配靠贡献的原则，把企业员工劳动所创价值量化到个人，把企业技术创新的风险与企业领导者、员工挂钩，真正实现企业领导班子以及员工与企业发展同呼吸、共命运。

第四篇

器——人生应用

> 设计出的工具越多，使用工具的人就得越聪明。
> ——巴菲特

　　一个人的一生不是简单的游戏，它是不能预演、不能重来的沧桑大剧，总共就有五集，家庭的亲情生活、职场的岗位工作、社会的人际关系、自己的身心健康、灵魂的高光时刻。

第十五章　家庭的亲情生活 163 法则

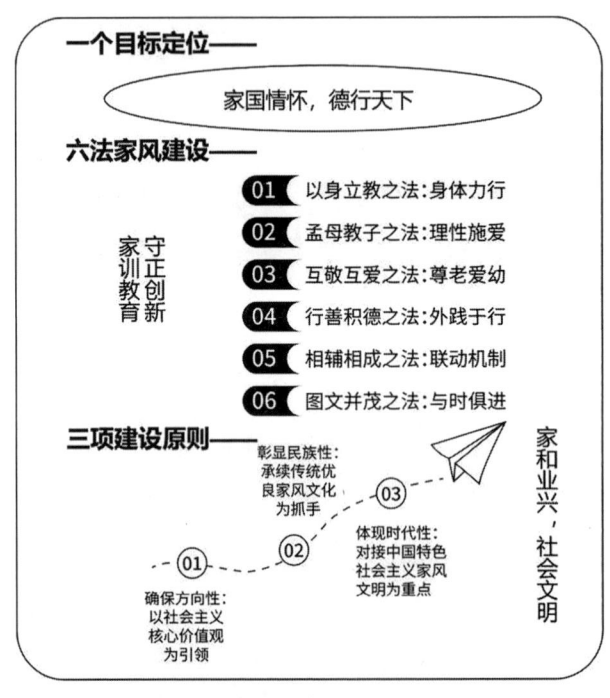

一个目标定位
家国情怀，德行天下

六法家风建设
家训教育 守正创新
01 以身立教之法：身体力行
02 孟母教子之法：理性施爱
03 互敬互爱之法：尊老爱幼
04 行善积德之法：外践于行
05 相辅相成之法：联动机制
06 图文并茂之法：与时俱进

三项建设原则
01 确保方向性：以社会主义核心价值观为引领
02 体现时代性：对接中国特色社会主义家风文明为重点
03 彰显民族性：承续传统优良家风文化为抓手

家和业兴，社会文明

家庭的亲情 163 法则

家庭是一个温馨的港湾，是一个可以舒展身心的地方；亲情是一坛陈年老酒，是人生中最珍贵的财富；家庭的亲情生活能够成就抑或毁掉一个人，皆来源于家风的好坏。家风，顾名思义就是一个家庭的风气、精神风貌，是一个家庭的传统，是一个家庭的主旋律，是给家中后人树立的价值准则，可以体现出一个家庭的世界观、人生观、价值观等，同时家风也是维系家庭关系、邻里关系乃至整个社会关系的行为准则，它肩负着传递中华优秀传统文化的重要内涵以及价值取向的重要使命。家风又称民风，在修身、齐家中发挥着不可替代的作用，且有传承性和共同性的特点。家风既是一种潜在的无形力量，也是一种无言的教育。万丈高楼始于基，家风就好比"地基",打好"地基"才能更好地成就人生。

(一)一个目标定位——家国情怀,德行天下

《大学》有言:"一家仁,一国兴仁。"良好的家风离不开每个家庭成员的努力,离不开每个家庭成员对自身品质道德的锤炼。在家庭里,只有每个人端正了自己,才能形成良好的家庭氛围,凝聚家庭合力。因而,但凡我国古代优良家风,都是从个人的道德修养开始的。所谓"修身、齐家、治国、平天下",修身排在所有道德理想的最前面,便是这个道理。新时代家风建设,既要注重创造性地继承前人的优秀成果,同时还应立足新时代的时代特点,准确地把握时代脉搏。而明确新时代以中华优秀传统家训助推家风建设的目标定位,是其中必不可少的环节,也是新时代家风建设的出发点和最终归宿。其目标定位必然要符合一定的社会要求和客观实际,概括来讲,主要可分为以下三个层面:

个人层面:塑造德行兼备的理想人格,促进个体全面发展。在传统家训中,修身也是一切事业的基础,这种塑造人的目的自家训产生之日起便存在。但传统社会下所要塑造的理想人格乃是孔子所说的"圣人",是"人皆可以成尧舜"的圣人之德,仁与礼是其根深蒂固的主题。而在新的时代背景下,我们所要塑造理想人格,必然要转变发展思路,按照新的社会要求,赋予以新的时代内涵,塑造德行兼备的时代新人。对于以传统家训进行家风建设具体而言,首先继承弘扬优秀的传统家庭教育理念,通过言传身教,使其得到人们的认同和接受,并身体力行,同时传承下去,成为人们的一种理想信念,进而实现对人的培养,塑造德行兼备的理想人格,并外化于行,养成正确的社会行为,以促进个体全面发展。

家庭层面:重拾以德为先的家教理念,构建和谐家庭。中国人特别注重德行修养,《大学》有云:"自天子以至于庶人,壹是以修身为本。"修身即道德修养之意。而之所以要重拾以德为先,正是因为在中国漫长的传统社会里,儒家思想作为主流形态,一直影响颇深。纵观传统家训的发展脉络,可以发现,家训为儒家思想的普及传播起到了不可忽视的作用。通过家训,

使儒家思想内化为每个社会成员的道德标准，为社会输送了大量人才，稳定了社会秩序，也留下了许多传世家风。可见，道德教育在传统家庭的发展中发挥了重要作用，是家庭教育的重中之重。在今天，注重家风建设，就是要向先贤学习，注重德行修养，为事以德，重拾以德为先的家教理念，并且促进家庭成员自觉践行，实现家庭美德的继承与发展，构建和谐家庭，这也是以中华优秀传统家训助推新时代家风建设在家庭层面的目标所在。

社会层面：凝聚社会价值共识，推动社会稳步前进。凝聚是社会价值共识的基本内涵，也是社会共识的内在属性。所谓凝聚，是一种社会行为，是人们在社会实践中不断丰富和发展的过程。凝聚的本质是人与人之间的社会关系，它是社会成员以社会关系为基础而形成的，通过这些关系而产生社会凝聚力。当人们的利益和思想呈现出多元多样的形式之时，某一主体为了推动某一社会事业时，动员社会力量共同行动，或者至少是为了降低各个方面的社会阻力，为寻求最终达成一种共识的过程。而价值共识，是指不同的主体对某类价值或价值形成持基本或根本一致的态度。只有形成最大范围的价值共识，才能维护社会的和谐稳定，推动社会稳步前进。凝聚共识工作不容易做，大家要共同努力，要在党的领导下，调动各方面积极性。而中华优秀传统家训根植于家庭，能够在家庭中给个人道德行为以良好的引导和促进，是凝聚社会价值共识的重要途径。

（二）"六法"家风建设——家训教育，守正创新

1. 以身立教之法：身体力行
2. 孟母教子之法：理性施爱
3. 互敬互爱之法：尊老爱幼
4. 行善积德之法：外践于行
5. 相辅相成之法：联动机制
6. 图文并茂之法：与时俱进

家风建设需要使用一定的方法，借助一定的载体。传统家训在不断发展

中积极探索有效的教育形式，在维护当时社会秩序、发展德育方面发挥了重要作用。同时，传统家训的宣传手段是在特殊的社会文化背景下创造的，但具体模式与现代多媒体技术显然不尽相同。立足当下，我们在借鉴传统家训教化手段基本理念的同时，需要结合实际要求进行转化，积极构建适合新时代家风建设的手段方法。

1. 以身立教之法：身体力行

中国传统教化特别重视榜样的示范作用，以宣传典型事例来进行道德教育，微观到家庭中的直接体现即是以身立教。在子女对于榜样的认知不足时，用父母的以身立教弥补榜样之法的不足和缺陷，是中国古代历来的道德教育方式，诸多传统家训甄选历代先贤名人事迹，以此作为榜样"模型"，作为佐证其思想观点的证据，由此激发人们内在的道德动机，这种榜样之法的影响范围之广泛，乃是其他教育方式所无法企及的，值得深思借鉴。

每个人生来最先接触到的即是家庭成员，家庭德育尤其重要，其方式不限于叮咛嘱咐，长辈在家庭中的以身示范也非常重要，对子女的教育有着特殊的作用。正如颜之推所说："夫同言而信，信其所亲。"故在传统家训中，训主们特别重视家庭中长辈对于晚辈的影响，如明代吕德胜《示儿语》中说："老子偷瓜盗瓜，儿子杀人放火。"虽然将父母的影响绝对化了，但也是证明了父母长辈在子女成长中的重要性。凡教育者，应率先垂范，清代申涵光《格言仅录》中讲："教子贵以身教，不可仅以言教。"魏源《默觚·学篇》说"身教亲于言教"，康熙从帝王的角度也阐述了身教的重要性："欲法令之行，唯身先之，而身自从。"说明身教更具号召力，身教胜于言教，故父母长辈理应以身示教；在注重身教的同时，也应注重父母长辈本身的品德，曾国藩认为教育者的一言一行、一举一动都在有形无形地影响着受教育者，若家长为人不正，言行有失，则难以起到身教的效果，甚至使受教育者乃至整个道德教育体系产生怀疑和动摇。故家长以其言行为子女作出榜样，使其乐而受教，在遇到具体的问题时，长辈们的行为即活典范，如周公"一沐三捉发、一饭三吐哺"的求贤风范、姜敬亲自织麻缝衣的勤劳美德、侃母湛氏"修书封鱼"的教子以廉洁等都是以自己的行动教育子女的典范。

在新时代的家风建设中，以言动人是一方面，但实际的建设效果取决于如何身教，言传与身教相割裂，显然是站不住脚的，"上行下效，捷于影响"。因此，利用家训中所蕴含的以身立教的教育方法，弥补当代家风建设、家庭教育的不足。首先，家长应注重提升自己的道德修养，父母只有自己懂得道德的意义才能正确教导子女，为孩子提供正面示范，在日常生活中，身体力行地将家风所倡导的价值要求，传授给子女，形成良好的家风建设氛围。其次，注重树立典型，并进行恰当有效的宣传，可采取评选道德楷模的方式，使大众明确新时代倡导的是怎样的家风，如时代楷模张富清，倡导清廉家风，这样的示范和标榜，旨在潜移默化中引导民众自觉践行新时代优良家风，并投身于新时代的家风建设之中，那么新时代家风建设的广度和深度都将得到广泛提升。

2. 孟母教子之法：理性施爱

孟子是中国古代伟大的思想家，他的成就很大程度得益于孟母教育得法。作为古代教子经典案例的"孟母三迁"，在今天依然有着现实意义，留给后人无限启迪。"孟母三迁"的典故出自汉代刘向编的《列女传》，其中强调了环境对孩子成长的影响。从中也体现出伟大女性的智慧，如今我们要注重发挥女性在弘扬中华传统美德、培育良好家风方面的重要作用。随着社会的飞速发展，女性担负着越来越重要的社会责任与家庭使命，因此，重视并发挥女性作用是继承与发展中华优秀传统家风的重要一环。

孟母教子，还有一个脍炙人口的故事，那就是"断织"。相传孟子少时废学回家，孟母正在织布，于是引刀断其机织进行引导。孟子因此勤奋自学，师事子思，遂成大儒。在封建社会中，孟母被推崇为贤母的典范。清代最早一部女性教化的书籍《女学》卷三第九十四章记载了孟母家训："子之废学，若吾断斯织也。夫君子学以立名，问则广智，是以居则安宁，动则远害。今而废之，是不免于厮役，而无以离于祸患也。"意思是孟母对孟子说："你中途荒废学业，就像我割断这个机织一样呀。大凡君子求学是为了树立名声，获得功名和地位，勤问才能增长自己的才干和智慧，于是他们隐居就想求得安定宁静，出仕做官就想求得避开祸患。现在荒废了学业，这样免不了要做一个下贱的劳役，难于避免祸患了。"

抛去封建价值观念，孟母的教子法是值得借鉴学习的。而且女性在家中的地位还不仅仅在教子上，她还要履行好家庭"黏合剂"的职责。在每个家庭中，女性都要扮演多元化的角色，不仅要承担赡养父母的责任，还肩负扶持丈夫和教育子女的使命。相对于男性来说，女性更为耐心、细致，也有更丰富的家庭教育经验，所以为了更好地传承与发展中华优秀传统家风，女性要更有好态度、好方面。一方面，女性应做到"晓之以理"，牢记多读书、读好书的道理，自觉学习科学文化，努力用知识武装自己，提高独立思考的能力；要积极参与社会实践活动，并从中总结经验掌握更科学有效的教育方法，以便更好地在多元化的角色中进行转化；女性还应该为家庭制定合理的发展规划，将优秀的家风注入家庭建设中去，争取在日常互动中提升家庭成员思想道德修养与科学文化水平。另一方面，女性也要做到"动之以情"。女性应把尊老爱幼、诚实守信、夫妻和睦等中华优秀传统美德融入日常生活的点点滴滴中。与丈夫彼此信任，相互扶持；与子女平等交流，增强互动；尊重爱护长辈；与邻居朋友和睦相处等，最大限度上化解人与人之间可能出现的矛盾。同时，女性应该给予家庭成员足够的关心与爱护，营造一个积极向上、温馨和睦的家庭环境。

女性还应该做好廉洁自律监督员的工作。在组建自己的小家后，女性拥有的第一个角色就是为人妻。一个称职的妻子不仅仅是另一半在生活上的好伴侣，同时也是另一半在工作上的得力助手。如果是领导干部的妻子，就更应该履行好自己的使命，帮助丈夫把好廉洁关。近几年查出来的贪污腐败事件时常是夫妻联手式出现，这些女性往往为丈夫的权力代言，最终亲手将自己和丈夫的前程断送。这些领导干部的腐败行为，很多都离不开其妻子的暗合支援、推波助澜。那么在此形势下，那些身为领导干部妻子的女性，就应该增强对党规纪律的学习，提高道德修养与自我认知能力；树立正确的三观，抵制各种诱惑；提高清正廉洁觉悟，筑牢家庭廉洁的防线，为领导干部的廉洁从政做好保障工作。

3. 互敬互爱之法：尊老爱幼

《弟子规》可以说是中国古代家庭中的共同"家训"，其在《总叙》中开宗明义言："弟子规，圣人训；首孝悌，次谨信。泛爱众，而亲仁；有余力，则学文。"意思是："《弟子规》这本书，是依据至圣先师孔子的教诲而编成的生活规范。首先在日常生活中，要做到孝顺父母，友爱兄弟姐妹。其次在一切日常生活言语行为中要小心谨慎，要讲信用。和大众相处时要平等博爱，并且亲近有仁德的人，向他学习，这些都是很重要非做不可的事，如果做了之后，还有多余的时间和精力，就应该好好地学习六艺等其他有益的学问。"

在此，首先强调的就是互敬互爱之意。所以，增进家庭成员间的互敬互爱，营造良好的家庭环境有利于传承与发展中华优秀传统家风，进而推动新时代家风事业的建设。

在日常生活中，要尊重每个家庭成员的想法，鼓励大家为家庭建设各抒己见。对于大家不同的观点，要坐到一起探讨交流，求同存异，找出最佳的解决办法。当然对于不正确的行为和观点，家长应该恰当地指出并指导其加以改正。另外，在家庭里要做到长幼平等、赏罚分明。无论是什么身份的家庭成员，只要为家庭作出贡献，就应该受到物质上或者精神上的奖励；做错了事，应该根据情节轻重加以批评，坚决避免家长不可违背的权威性。目前的孩子普遍是独生子女，对于他们"小公主""小皇帝"的心理应该及时纠正，帮助子女树立正确的思维方式。在教育子女的同时，也不要忽略老人对事物的看法，由于老人生活的时代和经历不同，对问题的思考角度也会与晚辈存在分歧，这就需要家庭成员认真体会老人的心理，努力做到孝亲、悦亲，让老人不再因为不被理解而感到孤单。还有，要妥善处理家庭中的亲子关系。在家庭关系中，父母对自身严格要求才会对子女产生积极影响。因此，一方面作为父母要严格要求自己，使子女在耳濡目染中接受良好的家庭教育；另一方面作为子女的也需要多关心体谅父母，主动和父母交流谈心，增强彼此的信任感。只有增进家庭成员间的情感交流，相互关爱，才更有利于营造和谐温馨的家庭氛围。总而言之，只有每个家庭成员的素质都提高了，这个家庭的风气就是高质量的，进而整个国家的风气也必定是积极向上的，这是一个循环往复的发展过程。

4. 行善积德之法：外践于行

积德累善是劝善书中常用的教化方法，劝善书即劝人为善，遵守道德规范的一类书籍，在广泛意义上，也可以说其是家训，故而积德累善、避害攘祸也是传统家训中常用的教化方法。积德累善是倡导善有善报、恶有恶报的道德因果律，种善的因而能得到"余庆"的果，而行小恶，逐渐累积，必然致起祸殃，正如《太上感应篇》所言："一日有三恶，三年天必降之祸。"善行得善果，须慢慢积累善行，灭身之祸也是罪行所累而致，量的积累必然导致质的变化，但也并非偶行恶事，就会大祸临头，《太上感应篇》有言："其有曾行恶事，后自改悔，诸恶莫做，众善奉行，久久必获吉庆，所谓转祸为福也。"这昭示人们趋吉避凶，往往取决于人们行为的善恶，应如《三国志·蜀书·先主传》所言："勿以善小而不为，勿以恶小而为之。"趋吉避凶就是积善远恶的过程，以善恶作为行为的道德价值标准，这种积善远恶的利害观与佛教"因果报应"相结合，就形成了中华生存智慧的心理趋势，对民族的思维方式和价值取向皆有影响，这在传统家训中尤为突出。

积德累善实际上也就是"唯人自召"的行善观。历代家训之中，谈及"积德累善"的叙述非常丰富，明清之后，诸多大型家训还专门开辟出了"积善"篇章，如袁黄的《了凡四训》，其中就单列了一章"积善之方"；再如朱柏庐《朱子家训》，有"积德"一篇，认为行善积德是不受主客观条件限制的，并且在于人们的日常生活琐事之中，并不需要惊天动地的壮举，随时随地可行，只要有行善之心，就可以"步步是德，步步可积"。可见，"善"这一概念，虽具有模糊性，但皆肯定了善的思想价值，倡导积德累善的行为观，这是个人的现实行为过程，但其不仅仅关乎于个人道德修养，也关系着社会的和谐与稳定。

善，是人类共同的价值追求，是人类不断实现自我，进而与整个社会存在相符合的道德诉求。行善积德的行为观落实到当代实践中，在新时代的家风建设中就是构建积极向善的道德体系，需要倡导"善"的理念，教导人们在生活中向善，一种大善文化的倡导，会起到一种非常好的熏陶作用；它会形成巨大的能量场、思维场、文化氛围，诸多人就会被磁化，继而变得善良、慈爱和悲悯。那被我们倡导的善，会变成一种善的心理暗示，内化于心，还需要法律道德建设，使道德与法律产生良性互动，让个人在积极、健康的环境影响下，形成符合社会主义核心价值观的道德规范，并外践于行，心存善念家庭和，身做善事子女兴。

5. 相辅相成之法：联动机制

建立联动机制，为家风的传承与发展提供必要的保障体系。在古代，这个方面的意识还不到位，也是封建割据所带来的弊端，这样才有"孟母三迁"的故事。而现今，人是社会中的人，是大环境的产物，社会成员从一切社会关系中形成价值观念、思想品格。因此，从社会而言，应该建立联动机制，从多方位、多角度为中华传统家风的传承与发展提供必要保障体系。

第一，要建立家庭、学校、社会一体化的联动机制。教育一个人需要家庭、学校、社会三方面共同努力，家风更是同样的道理。家庭是人的第一个课堂，它要求子女要做到诚实守信、宽以待人等；学校重视学生的文化课学习；社会以培养人为人处世能力为重心。因此，建立三位一体的联动机制就是为了社会成员更全面地发展、更健康地成长，首先应该在社会主义核心价值观的基础下总结出符合时代发展的当代优秀家风。接下来加强正能量的宣传，使这些优秀典型走进每个家庭，走进学校课本，走进社会，从而更好地保持优秀传统家风的延续。

第二，要建立社区、单位、社会一体化的联动机制。首先，众所周知，家风、党风和政风相互关联。汉武帝刘彻"举孝廉"来选拔人才，顾名思义就是地方推荐的人才不仅要有才能，还要孝敬长辈、清廉勤政，这样才算得上是品德高尚的人。时至今日，这种制度还值得我们借鉴。其次，激励机制应该被广泛推行。激励机制就是通过选拔，将道德楷模公示在大众视线中，给予物质奖励以及精神上的奖励，这类先进人物在未来的生活和工作中还应该享受优先考虑的待遇。因此，全社会都应该将有着优良家风的家庭当作模范，鼓动全社会成员去效仿他们。同时严惩家风不正的人，让其他人引以为戒，只有这样，我们才能真正拥有一个利于家风传承与发展的良好社会环境。

6.图文并茂之法：与时俱进

具有中国传统家风标志的家训传承数千年，流传至今的家训都属历代的优秀之作，具有多种表现形式，形式灵活多样，在情感渲染和教化等方面的作用也更为突出。家训形式的单一还是丰富，与当时的社会环境息息相关，家训形式也直接关系到我们对某一时期家训发展的直观印象，也是我们借以观察某一时期家训发展重要程度的可视的、直观的工具。在传统家训发展的前期，家训仅"家书""家范"等形式出现，还处于一种十分稚嫩的阶段，在不断的发展中逐渐出现了成熟的家训专著、散文、家训诗等。

从其形式上可以看出，传统家训既有有韵的诗、词、歌、赋，又有无韵的训、铭、戒、规等散文体形式；方式上既有循循善诱的说理激励，也有家规族法的惩罚条文等。皆是用以教育、训诫子弟，旨在唤起其内在的道德动机，将道德内化为自身的生存发展需要，从而使子孙后代自觉勉励向上，而非强制。故通常根据时代的发展，借助于文学艺术的力量，寓教于生活，比如与歌曲韵文结合在一起，借助于韵文朗朗上口、情感渲染的特质劝人向善，进行道德教育宣传，比如王阳明的《训儿篇》、朱柏庐的《治家格言》，在形式上采用了全韵文的方式，符合了汉语文化的传播特点，更为大众所喜闻乐见，容易广泛传播。

与此同时，图画比文字更直观，更有感染力，宣传教化效果更好。故而出现了家训，使用图文互嵌的方式，比如明薛梦李《教家类纂》一书，首以图说绘画故事，而系之以说云"这一个门内站的人，是某朝某人"云云。再如朱柏庐的《治家格言》，由于其深受人们喜爱，为了便于文化不高的人学习，清代和民国年间便出版了大量的插图本的《治家格言》，多配图画进行解说，以此拉近与民众的距离。格非曾提到文学的三大功能：教化、审美和娱乐，正如孔子的"兴观群怨说"，而随着社会的不断发展，家风建设的形式也将愈加丰富，已为民众所喜闻乐见，家风的展示形式在新时代家风建设中的作用也愈加重要。

因此，新时代家风建设要善于与时俱进，寻求新时代家风发展的新形式、新载体，有效地运用文学的教化功能。首先，探索新媒体技术，创新家风建设发展的虚拟文化载体。随着计算机网络的发展，新型传承载体开始涌现，现代媒体如微信公众号、小红书、抖音等已经成为当下青年获取信息最主要的方式，它们都具有不可思议的功能，媒体融合成为全媒体时代发展的必然趋势。这对于新时代家风建设来说，意味着对家训的传承更具创新性和多样性，信息表现形式也更加多样，不仅仅局限于文字形式，传播媒介更加多元，还可以使用电子展板、视频等为载体传承好家训，建设好家风。因此，新时代家风建设应积极借鉴传统家训的发展形式，借助新媒体的力量，探索新时代的新媒体技术，创新家风建设发展的虚拟文化载体，一是要注重传承发展媒介的多样化，二是注重信息表现手段的多样化，使得新时代家风建设真正贴近群众、贴近生活，增强新时代家风建设的针对性和实效性。

（三）三项建设原则——家和业兴，社会文明

1. 确保方向性：以社会主义核心价值观为引领
2. 彰显民族性：承续传统优良家风文化为抓手
3. 体现时代性：对接中国特色社会主义家风文明为重点

不同的家庭在各自的发展过程中，会因为其家庭结构、家庭关系、家庭传统以及家庭成员的职业和文化素养等方面的不同而形成不同的家庭风气，因而在家风内容上也呈现出多样性的特点。建构新时代优良家风的核心价值观，需要包容这些独具特色的家庭个性需求。但更需要遵循新时代优良家风核心价值观的建构原则，促使新时代优良家风适应现代社会的变化发展和满足现代家庭对美好生活的需求。

1. 确保方向性：以社会主义核心价值观为引领

"培养什么人、怎样培养人、为谁培养人"，这是中国学校教育要明确的核心问题。同样作为培育家庭成员成长成人的新时代优良家风，首先也要明确培育什么样的家风这个根本问题。任何一个处于特定历史时期的社会都有关于家风优劣的价值评价标准，但纵观家风发展的历史，任何时代的优良家风要具有强大的生命力并传承下去，都必然具有共同特征，即符合当时社会意识形态的根本指导思想，体现国家和社会的主流核心价值观念。在传统封建社会，代表封建地主阶级利益的儒家思想是其主导思想，因而传统优良家风都深刻体现了儒家的根本价值观念，即"仁义礼智信"的"五常"道德标准。当今中国是人民民主专政的社会主义国家，国家所倡导的主流价值观便是体现了最广大人民根本需要的社会主义核心价值观。它是新时代的时代精神，是当前我国社会占主导地位的意识形态和科学世界观，体现了社会主义的本质要求，是每一个中国人应该涵育并践行的。所以，提炼新时代优良家风核心价值观必须要以社会主义核心价值观为基本引领并符合其本质要求，才能具有强大的生命力，才能培养出满足社会需要的建设者和接班人。

比如，富强是社会主义核心价值观的首要价值目标，是促进社会主义现代化和人的自由全面发展的物质基础和保障。新时代优良家风就需要引导家庭成员勇于担当社会责任，具备为社会和人民创造美好生活的使命感，努力为实现中华民族伟大复兴的中国梦贡献自己的力量。和谐是中国自古以来所遵循的价值理念，是人类社会的重要价值遵循。新时代优良家风就需要在借鉴传统优良家风的基础上，体现现代社会和谐的价值理念，帮助家庭成员正确处理与自己、与他人、与家庭、与社会、与自然、与国家之间的关系，从而成为具有独立自主人格的好公民，并为和谐社会贡献力量。

总之，社会主义核心价值观和新时代优良家风核心价值观是整体和局部、统领和从属的关系。社会主义核心价值观引领新时代优良家风核心价值观，并蕴含于新时代优良家风核心价值观中；新时代优良家风核心价值观体现着社会主义核心价值观的本质要求，是社会主义核心价值观在家庭中的微观体现，是社会主义核心价值观落细、落小和落实的重要途径之一。社会主义核心价值观和新时代优良家风核心价值观相互影响、相互作用，相得益彰。因此，建构新时代优良家风核心价值观，必须以社会主义核心价值观为主导，积极发挥社会主义核心价值观的引领和凝聚作用，这是建构新时代优良家风核心价值观的根本方向指导。

2. 彰显民族性：承续传统优良家风文化为抓手

中华优秀传统文化是中华民族的根基和灵魂，传统优良家风是优秀传统文化的重要组成部分。传统文化所涵盖的人生哲理和处世之道，在一定程度上不仅陶冶了中国人的民族性格，也铸就了中国人的独特民族传统。

从本质上来说，传统并不是一个抽象固定的概念或一个简单静止的集合体，也不是泯灭在历史洪流中的回忆和尘封在岁月中的历史遗迹。传统是人类在历史文明发展进程中一直延续并在时间积淀下，并存于现实之中的独特人文景观。正如美国社会学家爱德华·希尔斯（Edward Shils）对传统的解释："传统是世代相传的事物，是从任何过去相传至今的东西，它是人类行为、思想和想象的产物，并且代代相传。"我国伦理学家罗国杰先生也强调："传统既包括过时的、阶级的、偏狭的谬误，也包含有科学的、共同的、为全社会所需要的合理的因素；传统既有其特定的、历史的局限性，又有其能够在整个人类社会长期发挥作用的积极内容。"

传统和现代是相互联系、不可分割的，传统是现代的根基，现代是传统的继承和演进。新的知识内容不可能凭空产生，而是在以往、旧的知识基础上根据新的历史条件被重新认知和运用，并赋予新的生命活力，从而最终形成新的文化样态。所以，传统优良家风文化所包含的修身立命、睦亲齐家、处世交友和国家情怀等方面的内容，是新时代优良家风建设的基石。因此，建构新时代优良家风核心价值观，应该在传统优良家风的基础上，根据时代需要，赋予其新的生机和活力。另外，中华文化是具有五千多年并绵延至今的文化，在这样的文化浸染下代代生活的人们，当然具有共通的民族人格、相似的思维习惯和行为方式。所以，建构新时代优良家风核心价值观，也理应采用与自己民族相符合的思维方式来审视其文化特征。正如马克思所说，人们的观念、观点以及概念等意识，都会随着人们的生产和生活条件、社会关系等社会存在的改变而发生变化。家风是时代性的产物，传统优良家风的一些内容不一定全然适合于现代社会和家庭的需要，因而要有鉴别地对待、有扬弃地继承。正如朱贻庭教授分析现代家庭伦理与传统家庭伦理的"源原之辨"的规律一样，传统优良家风所体现的价值观念之所以有被现实所认同并运用的资源，是因为传统优良家风的价值观念和现代优良家风的价值观念存在着"共时性"的文化积淀，即"古今共理"，也就是人们普遍认可的一些最基本的家庭价值。在这些价值上作出符合新时代的诠释，传统家庭价值就能熔铸于现代家庭美德之中。所以，建构新时代优良家风核心价值观，必须承续传统优良家风文化，这是提炼新时代优良家风核心价值观的文化根基，是对中华民族所固有的民族精神内核和气质秉性的彰显。

3. 体现时代性：对接中国特色社会主义家风文明为重点

马克思在《哲学的贫困》中阐述过这样的观点："人们按照自己的物质生产率建立相应的社会关系，正是这些人又按照自己的社会关系创造了相应的原理、观念和范畴。所以，这些观念、范畴也同它们所表现的关系一样，不是永恒的。它们是历史的、暂时的产物。"简言之，人们头脑中的意识会随着时代的发展而改变。家风属于人类的意识范畴，所以它必定会随着社会发展的变化而不断变化。优良家风培育的根本目的就是要培育适应社会发展变化需要的家庭成员。因而，准确把握当今的时代变化，使新时代优良家风与时代同频共振，满足现代社会发展的要求便是题中应有之义。所以，建构新时代优良家风的另一个基本原则，便是要对接中国特色社会主义家风文明。中国特色社会主义家风文明体现了中国特色社会主义先进文化的基本特征，它以马克思主义为指导，反映了社会主义经济和政治的基本特征，反映了社会主义家庭文明的新风尚。新时代优良家风核心价值观的建构，不仅要承续传统优良家风的核心价值观，体现继承性，更要对接中国特色社会主义家风文明，彰显时代性。这二者是相互统一的。中华传统优良家风价值观是"源"，而中国特色社会主义家风文明则是"原"。建构现代优良家风的核心价值观，不仅要以中华传统优良家风价值观为渊源和资源，更要以中国特色社会主义家风文明为本原和根基。没有了传统优良家风价值的"源"犹如空中楼阁，没有了中国特色社会主义家风文明的"原"则丧失了其本质特征。质言之，只有在这种"源""原"整合的基础上，建构的新时代优良家风核心价值观才能既符合社会主义现代化的要求，又符合普通民众在传统文化中长期熏染形成的心理需求。

第十六章　职场的岗位工作 163 法则

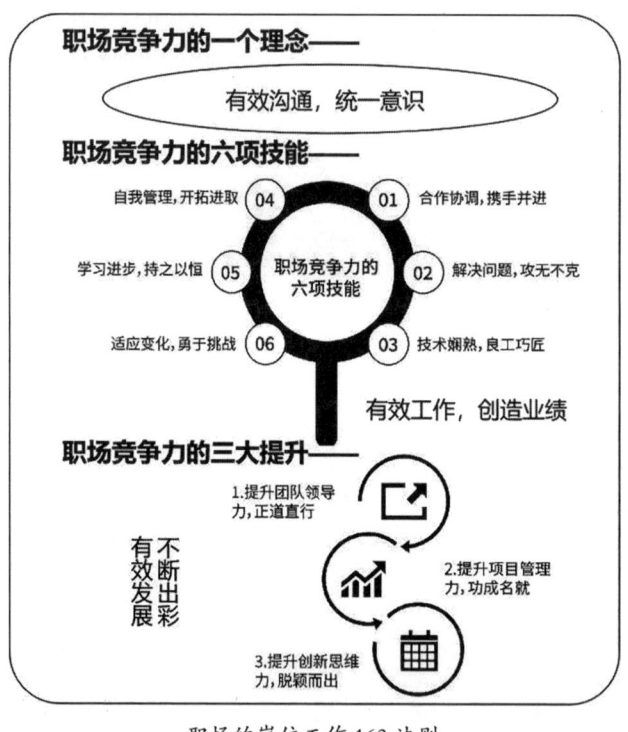

```
职场竞争力的一个理念
    有效沟通，统一意识

职场竞争力的六项技能
    自我管理，开拓进取  04      01  合作协调，携手并进
    学习进步，持之以恒  05  职场竞争力的  02  解决问题，攻无不克
                            六项技能
    适应变化，勇于挑战  06      03  技术娴熟，良工巧匠

    有效工作，创造业绩

职场竞争力的三大提升
    1.提升团队领导力，正道直行
不断出彩
有效发展
    2.提升项目管理力，功成名就
    3.提升创新思维力，脱颖而出
```

职场的岗位工作 163 法则

职场的岗位工作，是职场人生存的平台，更是价值体现的舞台。在我们每一个人的职业生涯中，职场竞争力的重要性不言而喻。这是我们提升自身价值、实现个人成长的关键，也是我们为企业、为自己创造更多价值的重要途径。提升职场竞争力是我们适应不断变化的市场环境的需要，是我们实现个人职业规划的关键，是我们为企业创造价值的重要途径，是我们实现自我价值的重要手段。

（一）职场竞争力的一个理念——有效沟通，统一意识

《孙子·谋攻》云："上下同欲者胜。"意思是"只有上下一心才能获取胜利。"在职场中，不是一个人的单打独斗，而是贯穿始终的一个理念，即"有效沟通，统一意识"。这是一个非常重要的理念，只有这样，我们才能上下一心，才能实现团队目标的协调一致，提升整体竞争力，才能在职场中获得更多的成就和认可。

在职场中，能说话、会说话、巧说话，是一种稀缺的本领。无论你在哪个行业工作，良好的沟通技巧都可以帮助你与同事、上司和客户建立良好的关系。这不仅包括说话和写作的能力，还包括倾听和理解他人的能力。因为在工作中，我们经常会遇到各种沟通难题，比如表达不清、误解、意见不合等。这些问题的出现，往往又是因为我们在沟通中没有充分考虑到对方的立场、感受和需求。因此，要提升职场竞争力，首先要学会倾听和理解他人，尊重他人的观点和意见。同时，我们看到，沟通不仅仅是说话，更是倾听和反馈。有效的沟通需要我们在表达自己的观点和需求时，充分考虑对方的实际情况和可行性。只有建立起真正的双向沟通，才能实现真正的统一意识。

特别对领导更需要做好沟通工作。要保持职业化和专业性，准确把握上级领导的要求和希望，争取超预期完成上级领导交办的工作，并及时消除误解，这对自身的职场发展非常重要。在职场沟通中，当对方抛出问题时，先别着急给对方答案，学会给自己更长的时间、更大的空间思考，想清楚之后再回答，那样我们给出的反应也会更准确、更客观。这样做不仅能提高沟通的效率，还能降低负面情绪产生。进行职场沟通，第一步是去了解双方的需求与观点，并进行思考；第二步才是再次进行沟通与交流。

沟通更是管理者不可缺少的能力，有效的沟通始于管理者，管理者应该以清晰、简单、简洁和直接的方式进行沟通。职场中管理者需要花费一半以上的工作时间与员工进行口头交流，工作中出现的如执行力方面的问题，皆来自沟通不顺畅。管理沟通影响员工行为、工作满意度、生产力以及管理者和员工之间的成长，支持员工并与员工有效沟通的管理者能够帮助减少负面员工行为、困惑和愤怒，以及增加情绪强度、授权和工作满意度，管理沟通

对员工行为的影响各不相同。员工的行为可能反映了他们对工作环境中发生的事情的了解和理解。员工思考、行为和感受的方式会在员工中产生消极和积极的行为。员工对其工作未来的不确定感和恐惧感也会影响员工的行为，通过增加与管理层的积极互动和关系来改变员工行为并提高工作满意度。

统一意识也是提升职场竞争力的关键因素。在团队中，每个人都有自己的背景、经验和价值观，但只有我们保持统一的意识、统一的方向、统一的行动，才能使团队更加团结、高效。由此，我们要学会尊重和理解他人的观点，寻求共识和妥协，以确定共同的目标和价值观，以达到共同的利益和统一的意识，从而保持团队成员的行动一致性。这就需要加强沟通技巧的培训和学习，阅读相关书籍，提升自己的沟通力；需要定期组织团队建设活动，通过参与团队项目、组织活动等方式来锻炼加强团队成员之间的沟通交流；需要明确团队目标和价值观，让每个成员都理解和遵守。

总之，提升职场竞争力需要我们在各个方面不断努力。有效沟通与统一意识作为其中的一个重要理念，需要我们充分认识到其重要性，并在实际工作中不断实践和提升。

（二）职场竞争力的六项技能——有效工作，创造业绩

1. 合作协调，携手并进
2. 解决问题，攻无不克
3. 技术娴熟，良工巧匠
4. 自我管理，开拓进取
5. 学习进步，持之以恒
6. 适应变化，勇于挑战

职场竞争力是一个人最重要的资本，只有自己的竞争力足够强大才不会被人随意地取代，这就是竞争力的美妙之处。个人要想在职场发展上决胜千里，必须要有一种不可复制的核心竞争力。那些学历学位证书、英语证书、职业资格证书等，只是你步入职场的敲门砖。这些，随着走上职场的岗位工

作，时间会让其不能成为自己的核心竞争力。真正的竞争力，来自一些基本技能，让你有效工作，创造业绩。

1. 合作协调，携手并进

合作协调是每个职场人士都需要的技能。在我们的工作中，合作和协调是必不可少的。只有通过有效的合作和协调，我们才能更好地利用资源，提高效率，实现共同的目标。职场中，新的挑战总是伴随着我们。在不断变化的市场环境中，我们需要更加紧密地合作，更加协调一致地行动，才能应对各种挑战。

在团队环境中工作，需要你能够和不同的人共享想法，接受批评，并在必要时进行妥协。这需要你拥有良好的人际关系和协调能力。要增强团队协作，对于上班族而言，对下属要做好团队协作工作，这样才能超额完成工作任务，并拿到更多的业绩提成和奖金。

讲合作，一是需要建立良好的沟通机制。沟通是合作的基础，只有通过有效的沟通，才能更好地理解彼此的需求和想法，避免误解和冲突。二是需要注重团队建设。团队是合作的关键，只有通过紧密的团队合作，我们才能更好地应对各种挑战。因此，我们需要积极地参与到团队中来，相互帮助、相互支持。

讲协调，就是在合作的同时，需要注重协调。协调是实现共同目标的关键。对上要协调，对外要协调，对下也要协调。办一件事情，开展一项工作，没有必要的协调就难以成功。要增强协调的主动性，加强事前沟通。沟通在协调之前，协调在沟通基础之上，这样才能减少误解和摩擦，把分歧和矛盾化解在萌芽状态。要增强协调的目的性。协调要重目的轻过程，明确为什么要协调，要达到什么目的，从而有针对性地开展工作，化解矛盾，排除各种干扰。要增强协调的艺术性。协调能力是化解矛盾的能力，是聚分力为合力的能力，是变消极因素为积极因素的能力，是动员组织、调动人的积极性的能力。协调能力并不完全依附于职位、资历和权力，更多表现为一种人格魅力和内在涵养。

最后是需要注重反馈机制。反馈是持续改进的基础，只有通过有效的反馈机制，我们才能更好地了解合作的效果，及时调整策略，协调工作安排，实现更好的合作。

2. 解决问题，攻无不克

解决问题的能力也是十分关键的。这不仅需要你能够快速有效地找到问题的答案，还需要你能够使用创新的方法来处理新的、复杂的问题。如果你暂时遇到困难或者一些麻烦，不要轻言退却甚至是放弃了好不容易得到的工作。冷静地找到问题的症结并及时处理掉，你的经历和经验最后都会化作一笔宝贵的财富，受用终身。

本质上讲，解决问题的过程就是核查问题的每个元素，以便找到解决方案或适当地修正它。解决问题是一系列的步骤，涵盖问题的多个方面，直到你找到解决方案为止。当然，无论你是在一个团队中协作还是独立工作，过程都是一样的，只是方法和步骤可能会有所不同。所以，要找到一个对你、你的团队或你的企业有效解决问题的方法，你就必须考虑到你所处的环境和你周围的人。这些人会帮助你发掘出最好的方法并最终得到最好的解决方案，无论问题是什么，要解决它，你几乎总是需要遵循四个步骤，缺少这些步骤中的任何一个都可能会导致问题重新出现或解决方案无法正确实现。

一是定义问题。无论你是独立解决还是作为一个团队解决，你都必须在开始之前先定义问题。如果你对问题是什么一无所知，那么你可能就会去修复一些不需要修复的东西，或者修复一些错误的问题。花时间详细说明问题，把它写下来，然后进行讨论，这样你就能清楚地知道为什么会出现这个问题，以及它对谁产生了影响。

二是寻找思路。一旦明确了问题，你就需要开始考虑每一个可能的解决方案。这时，你可以想出尽可能多的解决方案。不要只接受第一个观点；尽可能多地构思，你创建的想法越多，就越有可能找到对团队影响最小的解决方案。

三是制订方案。就是决定解决问题的方案，无论你是单独还是作为一个团队去选择解决方案，请确保在实现此解决方案时考虑到对他人的影响。可以问以下这样的问题：他们需要如何应对这种变化？他们需要改变些什么？我们需要通知谁这个变化？

四是实现方案。当你实施解决方案时，一定要为反馈做好准备，并为此制订计划。当你推出解决方案时，请就所做更改的情况提供反馈。解决问题的方案能够实现，才是可行方案。当然，没有十全十美的方案，这就需要回顾、迭代和改进，改变不应该是一次性的动作。要花时间检查变更的结果，以确保它产生了所需的影响并达到了预期的结果。在需要的地方进行更改，以便进一步改进已经实施的解决方案，达到实现的目的。

3.技术娴熟，良工巧匠

技术熟练度在现代职场环境中变得越来越重要。无论你的工作性质如何，都需要你至少能够熟练使用基础的电脑技术，如电子邮件、文字处理和电子表格。要掌握一技之长，方便职场转型。比如对于技术型人才，可适当参与管理工作，让自己成为一个复合型的人才。

近年来，社会高度重视工匠精神培育，工匠精神强调坚守但并不意味着墨守成规，而是注重开拓创新，要求员工把产品当作工艺品进行精雕细琢，追求卓越。也就是说，工匠的创新不在于"高大精尖"，关键是解决工作中的细节和难点问题。怎样在一个看似简单的工作里搞出创新来，一方面要耐得住寂寞；另一方面要用脑子去干活，用心去干活——这正是"匠心"的真谛。一个个超级工程、一件件国之重器、一项项高精尖技术背后，除了科技发展的突破，也离不开匠心的支撑。实际上，匠心不只是存在于制造业，也存在于其他行业，体现为整个社会物质和精神的生产者、服务者职业精神的崇高境界。

对于员工来说，由"工"变"匠"意味着职业生涯实现质的飞跃。如何才能由"工"变"匠"？无数事实告诉我们，并不是习得一门技艺乃至绝活就够了，还得培养一颗"匠心"。匠心，体现出执着专注、精益求精、一丝不苟、追求卓越的工匠精神，是工匠的立足之本。执着专注，是工匠的本分；精益求精，是工匠的追求；一丝不苟，是工匠的作风；追求卓越，是工匠的使命。这些特质，可以通过言传身教，潜移默化地熏陶到"新人"身上。所以说，一个工匠就是一粒种子，一个工作室就是一个孵化器。

匠心聚，百业兴。"择一事，终一生"的执着专注，"干一行，专一行"的精益求精，"偏毫厘不敢安"的一丝不苟，"千万锤成一器"的追求卓越……拥有一颗匠心，无论身处哪个行业，都能由"工"成"匠"，用娴熟的技术，以良工巧匠的实干成就梦想，使创新才智充分涌流，化为职场不可复制的竞争力。

4. 自我管理，开拓进取

自我管理是一个经常被忽视但极其重要的技能。这包括时间管理、压力管理和自我激励。只有当你能够有效地管理自己，你才能在职场上取得成功。另外，还有生活管理。现在不少年轻人平时一日三餐主要靠外卖，然而在疫情期间外卖失灵的情况下，生存就成了问题。所以要学会做饭的技能，以便摆脱对外卖的依赖。再有就是健康管理，这是职场中的重要竞争力。在越来越激烈的市场竞争压力下，职场人牺牲时间与睡眠，却在以健康为代价进行着打拼。于是，腰酸、背痛、"鼠标手""屏幕脸"，失眠、肥胖、眼干燥症，甚至过劳死……越来越多的"职业病"盯上了在职场中奔忙的大多数人。有《职场人健康力报告》显示，超过半数的职场人表示非常关注自己的健康状况，但仅有两成职场人认为自己的健康状况良好。如同职场，理想与现实总是不能同步。不想拥有一张表情淡漠的"屏幕脸"，却不得不每天面对电脑或手机5小时以上；不想让减肥成为永无止境的奋斗目标，却不得不在"过劳肥""过劳死"的威胁前躲躲闪闪。人是血肉之躯，不是钢铁机器。再说了，即便机器也得保养，更何况在职场中锤炼着的你和我。健康既是一种权利，也是一种责任。每个人都是自己健康的第一责任人。要承担起这个责任，就要充分认识到健康的重要性，并积极寻找对付现代流行"职业病"的解决方案。为了工作透支身体、牺牲健康的做法，只能是耽误了自己，拖累了家庭。生活不易，职场人不能轻易"躺平"，还要继续努力，找到健康与奋斗之间的那个平衡点。

5. 学习进步，持之以恒

学习能力对于保持职业竞争力至关重要。随着技术的不断发展，我们必须始终保持学习，以便适应新的工具和策略。要努力提高自身的职场竞争力，掌握核心技术，获得相应的职业资格证书，并进一步提升学历。我们经常说"活到老，学到老"，这句话在职场同样适用。在职场，我们要抱着终身学习的心态，在自己的专业领域努力钻研，让自己成为这方面的"大拿"，自然就能够受到上司的器重，在稳固自身地位的同时，还有望拿到更高的薪水。

有一点误区要注意，如今的培训教育界，包括部分职场中人都奉行所谓的"扬长补短"，并用木桶装水理论来论证"扬长补短"的重要性：一只木桶想盛满水，必须每块木板都一样平齐且无破损，如果这只桶的木板中有一块不齐或者某块木板下面有破洞，这只桶就无法盛满水。一只木桶能盛多少水，并不取决于最长的那块木板，而是取决于最短的那块木板。于是乎，在这样的思想指导下，一些职场中人也片面地注重所谓的知识结构全面、能力多元化，而往往忽视了自己是否真正具有企业和岗位所需要的一技之长或学有专长，更具体地说，是否具有超出其他员工的专业特长和能力。而我们认为，与其撒胡椒面式地缺什么补什么，以所谓的"扬长补短"的方式，将自己有限的精力消耗在不熟悉、不擅长甚至压根儿就无法适应的领域，还不如奉行"扬长避短"的原则，将主要精力用于自己擅长的领域和企业或组织最需要的方面，努力学习，不断进步，以精益求精的工匠精神，最大限度地发挥自己的专长，为企业或组织创造最大的价值。因为扬长避短更符合事物的发展规律，也更符合人才成长的规律。

6. 适应变化，勇于挑战

适应性是在快速变化的工作环境中保持成功的关键。这需要你能够快速学习新的技能，并在需要时改变你的工作方式。我们要说的是，一人一城，坚守一个岗位数十年如一日，是值得称颂的职业精神，但在未来，能够让你"从一而终"的岗位会越来越少，新生代的冲击、激烈的竞争、快速变化螺旋上升的环境，都要求我们在职场中快速迭代自己，避免被时代淘汰。潜心规划你的职业目标，朝着更好的自己努力学习进发吧。当然，还有另一种容易适应的工作，那就是"浮浅工作"。所谓"浮浅工作"，通俗地讲，就是浮在表面上的工作，也就是不需要投入很多思考的事务性工作。与"浮浅工作"相对的，就是"深度工作"。"深度工作"是指，在无干扰的状态下，专注进行职业活动，使个人的认知能力达到极限，实现个人成长。简单来讲，就是专心致志、全神贯注、杜绝一切干扰的工作状态。适应这种工作，才能在职场中真正成为赢家。如何适应深度工作，首先深度工作并不意味着完全抛掉浮浅工作，实际上，一定量的浮浅工作在大多数工作中都是必要的。我们生活在一个强社会联系的现代化工作环境里，团队合作是必不可少的，付出一定的沟通成本，往往会换来更大的工作成效。因此，我们要解决的是如何恰当分配时间的问题。其次，深度工作并不意味着不能利用碎片化时间，某种程度上，我们确实应该为自己创造整段的时间来专注工作。现实情况是：我们大多数人的工作性质决定了我们无法活在互联网时代之外，这意味着每个人的时间都被大量切割，整块的工作时间越来越稀缺。所以，深度工作的关键，恰恰在于有效利用碎片时间。再次，要深度工作，不能放弃社交媒体。坦率地讲，如果能够远离社交媒体，那么深度工作的一大障碍就被扫清了。可是，有时候很难选择不接收社交媒体信息。针对这一点，有一条法则叫作"关键少数法则"。它的意思是：你要明确自己工作和生活的目标，然后根据自己的目标来判断某个社交媒体是否有利于自己目标的实现，如果没有，那么就减少甚至停止使用。你仔细想想：有些微信或邮件，没有及时回应，好像也不要紧；微博、朋友圈永远有新动态，但错过这些，也没什么大不了。深度工作并不简单是一种工作技能。深度工作的本质，是深度思考：思考最重要的事情是什么，思考你要成为什么样的人，思考你该将有限的精力放到何处。

（三）职场竞争力的三大提升——有效发展，不断出彩

1. 提升团队领导力，正道直行
2. 提升项目管理力，功成名就
3. 提升创新思维力，脱颖而出

所谓职场成功，从形式上看，是实现既定的目标；从实质上看，则是通过设立目标、实现目标的过程，来达到发展自我、提升自我的目的，使自己"出类拔萃"。在这个机遇和挑战并存的现代社会，在人才竞聘制度不断改革与完善的今天，作为职场人，只要你努力，就能够找到自己的职场位置。人们曾将"情商低下、心理脆弱、知识陈旧、技能单一、反应迟钝、单打独斗、目光短浅、不善学习"列入"缺乏职场竞争力的八类人才特征"。要想提升职场竞争力，就要从团队领导力、项目管理力和创新思维力等方面不断提升

自己，在工作中努力进取且有优异的表现，朝着自己最终的目标不懈努力。只有这样，我们的职场竞争力才会越来越强，离事业成功才会越来越近。

1. 提升团队领导力，正道直行

不仅对于领导者来说是必需的，对于每个职场人士来说也是如此。这包括激励他人、做决策以及管理冲突等方面的能力。领导力说白了就是影响力，能产出影响力的莫过于个人品牌。也就是说，职场中要打造好完美的个人品牌，增强影响力，成就领导力。提到"品牌"，人们脑海中应该会蹦出这样一些词汇：标签、形象、专业、人格魅力、价值等，这些其实都可以看成一个人的品牌。现在社会纷繁复杂，国际交往日益密切，在注重经济效益的同时，人们更加看重建立自己的个人品牌，能够在职场中获得领导及客户的认可。有部电视剧叫《我的前半生》，其中的唐晶和贺涵一定给观众留下了深刻的印象，特别是在职场中客户对他们的信任，已经不再是选择一个公司，相反我所有的业务都留给你，你去哪里业务就给哪家公司，这样的情节便是对个人品牌的最佳证明。无论是职场小白，还是已经有多年工作经验的资深职场人士都应该意识到打造完美的个人品牌的重要性。美国管理学者彼得斯有一句被广为引用的话："21世纪的工作生存法则就是建立个人品牌。"他认为，不只是企业、产品需要建立品牌，个人也需要建立品牌。这句广为流传的话也说明了个人品牌已经为人们所重视。每个人都有独特之处，如何在职场中让别人记住你，在日常工作中让自己的价值得到体现便是个人品牌的建立，也是让自己区别于其他竞争者的一条途径。

2. 提升项目管理力，功成名就

项目管理，对于任何需要协调多项任务或者团队的人来说都是非常重要的。这需要你能够计划、组织和执行复杂的任务，以确保项目的成功。

一要系统设计，构建管理体系。要制定明确的管理方针和目标，项目管理方针体现了企业对项目管理方面的"全部意图和方向"，项目管理目标则是企业在项目管理上所追求的目的。要建立完善的管理制度体系，项目管理体系的要素是构成体系的基本单元。项目管理体系的要素包括组织机构、策划活动、职责、管理、程序、过程和资源，各个要素有不同的内涵。而且要素间是相互关联、相互作用的，表现为既相互支持又相互制约的关系。要系统规范工程项目管理标准，工程项目是个系统，对系统的管理必须明确标准、制定规范、建立流程。系统化、流程化、表格化地规范项目管理，目的是确保管理制度的可操作性和有效性运行。

二要突出重点，落实项目管理措施。在项目组织上，要突出抓好监管落实，搞好项目前期策划，实行项目直管人制度，实行项目状态分级管理。在安全质量上，突出抓好责任落实，建立健全安全质量责任体系，完善安全质量监督机制，优化安全质量奖惩机制。在技术管理上，突出抓好方案落实，狠抓项目落实和技术方案的评审和执行，狠抓工程测量和试验检测工作，开展科技攻关，总结科技成果。

三要精管严控，提升项目管理效益。抓好责任成本下达监控，提高责任成本编制的质量，及时下达责任成本，加强成本检查与预警。强化经济活动分析制度，严格经济活动分析的频次，保证经济活动分析的质量，对项目经济活动分析会召开情况进行抽查。适时跟进项目过程审计，明确审计重点，把握审计时机，抓好审计成果转化。

3. 提升创新思维力，脱颖而出

企业的竞争本质上就是创新的竞争，企业干部员工创新思维能力在某种意义上讲，关乎一个企业的成败。因此，提高企业干部员工的创新思维能力势在必行。提升创新思维能力，在今天的工作场所中越来越重要。无论你是在设计新产品，还是在寻找解决问题的新方法，创新思维都能让你在众多的竞争者中脱颖而出。

"思路决定出路"，没有思想的解放，创新就只是一句空话。没有思维上的变革就不会产生行为上的变化。只有思维站在了时代的潮头，理论创新、制度创新、体制创新才会到位，各项工作才会有大的突破。这就要求企业干部员工必须要解放思想，转变观念。

知识是创新思维的真正依托，提升企业干部员工创新思维能力，最为重要的一个方面就是要加强干部员工理论修养和知识储备。要树立先学习，后领悟，最终创新的理念；要丰富学习内容，既要学习现代科学技术技能知识，也要学习中国化、时代化的创新思想；要提高解决问题的灵活性，要善于运用多种方式、方法融会贯通地解决问题，而不是死套公式、生搬硬套、因循守旧、墨守成规。

之所以有些企业干部员工创新意识不强、创新思路不清、创新思维能力不健全，与其所处的环境特别是长期以来形成的按部就班的工作氛围有关。因此，企业要积极营造勇于进取、勇于探索、勇于创新的环境和氛围，不断激发干部员工的各种潜能，培育更加有利于干部员工创新思维能力提升的良好土壤。要强化问题和目标意识，要调动合理的创新欲望，要塑造良好的创新心态。

创新需要环境、需要勇气，更需要约束激励的制度保障。要健全干部员工创新思维能力的学习教育机制，要将创新思维能力明确纳入干部员工考核评价体系，要建立有效激励创新思维能力提升的各项制度。

第十七章　社会的人际关系163法则

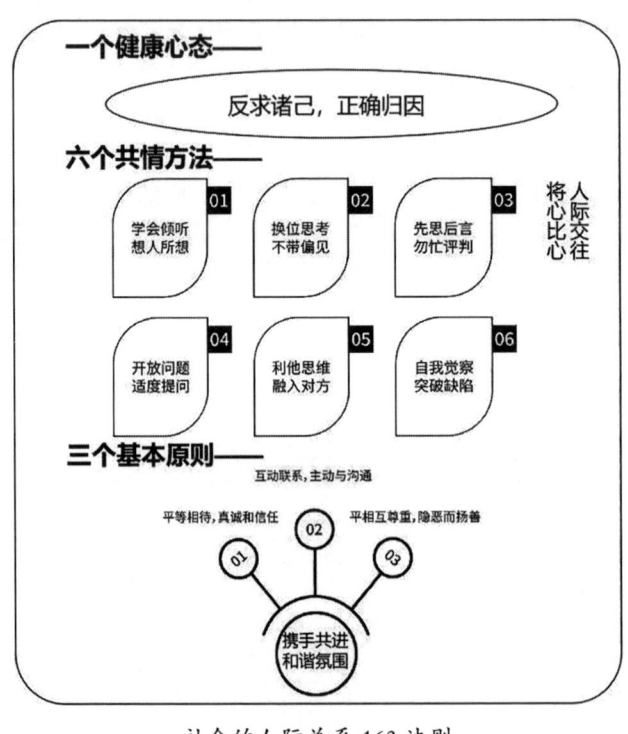

现代社会人际交往与人际关系错综复杂，而对人际关系的分类已有众多的研究。根据不同的分类标准和方法，人际关系的类型可以有不同的划分。如有根据人际交往的内容来划分的，根据交往的主体情况来划分的，根据人们对人际交往的需求不同来划分的等。无论什么层次的人际关系，人与人之间的交流的确是一门伟大的知识。为了更好地促进人际关系水平，我们也应该掌握一定的技能。通常，我们可以更好地处理人际关系，在社会上受到更多人的欢迎。

社会的人际关系163法则

（一）一个健康心态——反求诸己，正确归因

人际交往的本质，用一个字来概括，就是"心"。有什么样的世界观，就有什么样的方法论；有什么样的心态，就有什么样的待人接物方式。与人相处时，要达到的目的是实现人际关系的和谐，而要想实现人际关系的和谐则要具备健康的心态，即健康的阳光心态。

现在很多人都认为自己"心理健康"，但实际上，若想达到这样一个标准，也没有那么简单。且不说别的，仅仅在生活中，你处事乐观、极少抱怨吗？遇到缺陷和挫折，能迎难而上、积极面对吗？处理人际关系时，能既认清自己又包容别人吗？所以，只有具备了化解外界刺激的良好心态，才是真正的"健康"。

健康阳光的心态是一种积极、宽容、感恩、乐观和自信的心智模式。也就是说与他人交往时要有一颗友善之心，友善是待人接物豁达善良的心态，是处理人际关系的基本准则，也是连通人与人之间的心桥。友善待人，和睦相处，会使我们形成一个良好和谐的氛围。

职场上的人际关系十分微妙复杂，稍有不慎，就会陷于被动，可以说每个在职场上摸爬滚打过的人都会对此深有感触。而及时检讨，反省自己的行为，进行积极有效的心理调整，让自己适应多变的人际关系，不失为一个增强生存能力的好办法。俗话说"静坐常思己过，闲谈莫论人非"，出现人际矛盾冲突的时候，可以先问问自己：我的问题出在哪儿？

孟子《孟子·离娄上》云："行有不得者，皆反求诸己，其身正而天下归之。"意思是说："凡是行为得不到预期的效果，都应该反过来检查自己，自身行为端正了，天下的人自然就会归服。"与人相处正是这个道理，凡事都抱怨别人，人自然不服，长此以往，关系就会紧张起来。如果能有一个健康的心态——"反求诸己，正确归因"，而人自然也会退让一步，两者的关系自然会好起来。

（二）六个共情方法——人际交往，将心比心

1. 学会倾听，想人所想

2. 换位思考，不带偏见
3. 先思后言，勿忙评判
4. 开放问题，适度提问
5. 利他思维，融入对方
6. 自我觉察，突破缺陷

那么如何处理好人际关系？就是要善用"共情"，让你的人际关系更好。共情的核心是理解和回应，同时做到这两点才叫共情。"理解"联结起人与人之间的情感联系和换位思考的通道，"回应"则是根据他人的实际情况去提供准确恰当的助人行为。理解与回应二者彼此独立，互相补充。在不同的情境中，比重不同，但缺一不可。

1. 学会倾听，想人所想

不同于优秀者居高临下的说教，共情是平等的，因此，学会倾听是基础。从感性层面，"眼、耳、心"并用，敏锐地"听"出对方所讲述的事实、所体验到的感受、所持有的观念等有效信息，获得对方更丰富、更多层的内在世界。并运用言语或非言语信息向其传递"我在不加任何评判地倾听"的信号，增加对方的被接纳感。

人际关系处理不好大都是沟通出了问题，而倾听是沟通的前提和关键。我们要真正学会倾听，听话不要听一半，要听全、听仔细、听清楚，这样才能了解真实的情况。我们更不要把自己的想法、自己的观点、片面的认识，投射到对方的身上。联系到我们有些人，特别是领导干部，更是如此，要学会倾听、善于倾听，保持清晰的头脑和敏锐的洞察力，听真话、察实情、识真伪、知虚实、办实事。

现实中，有些人与别人沟通交流，缺乏用心倾听的耐心和关心他人的情感，直接影响了沟通的效果。比如，与同事沟通交流，只听表面，缺乏分析思考，听不出"言外之意"，听不出话语背后更多的内容，没有想人所想；与下属沟通交流，应付了事，没有听到真正的问题和实际的情况。这些都将导致倾听不到位，不能正确理解对方的意思或者要求，直接影响问题的解决。企业干部和员工都要找准倾听的方式和方法，提高洞察力。善于倾听人的心，多看一看、走一走，听实情、听真话，想人所想。

2. 换位思考，不带偏见

大多数人会无意识地根据自身经验和认知方式去理解他人，而这常常与他人的实际情况有所差距。因此，共情需要理性地承认并理解人的差异性，并站在对方的立场上对其情绪进行推想和预测，与其产生"共鸣"，从而增加共情反应的恰当性。这需要我们放下偏见和标签，增加自我觉察，当你想要帮助他人时，请思考这是否是他的"意"。

无论什么人，只有经常与人换位思考，才能真正把自己摆正位，把工作做到位，把问题解决好。早在春秋战国时期，孔子就提出了"己所不欲，勿施于人""己欲立而立人，己欲达而达人"。近代西方以泰勒和法约尔等为代表人物的古典管理理论也强调换位思考的重要性。进入新时代，换位思考对党员和领导干部践行群众路线、克服形式主义和官僚主义有重大意义。但仍有不少干部对换位思考缺乏清醒认识，在实践中更是脱离群众，大搞利己主义、享乐主义、官僚主义、形式主义。为此，需在理念和行动上强化换位思考，让其成为领导干部的必修课。而对于一般人来讲，换位思考当然都很难。但是，凡以自己的意识为主导来处理人际关系，没有谁能够处理好的，紧张的时候还可能大打出手，让人际关系达到冰点。由此，我们应该学会去换位思考，不带自己的偏见去理解别人、去宽容别人，让世间的无限丑恶都化为乌有，让世间所有寒冬都有那暖阳照耀，让每一块冰冷的石头都带上人间温情。

3. 先思后言，勿忙评判

深思而后表达，不匆忙做评判。共情不是单纯的镜面反射，它需要时间和心理空间去充分理解对方。当有人向你倾诉心事时，如果你太匆忙没有搜集到足够信息就立刻盲目评价，或劝导他理性看待，那么他感受到的更多是冷漠和被敷衍，因为陷入负面情绪的他当下很难理智地接受评判，并且匆忙评判时客观性也会大打折扣。而共情需要的是耐心与深思，然后在此基础上进行恰当的情绪回应和表达，向对方确认他的感受，并表达自己的感受。

《论语》里讲："三思而后行。"思是指思考，提问的过程，行是指行动的过程。整个成语就是指我们要先对事情加以判断、思考，然后再付诸行动。表达也是一种行动，稍有不慎，就将带来不良后果。人都是生活在一个丰富多彩的人际关系网络中，无论是与家人、朋友还是同事相处，我们都希望能够和谐、愉快地相互陪伴、相互支持。然而，有时候我们可能会因为一些琐事或者误解而与他人产生矛盾，甚至可能因为一时的冲动而伤害到彼此的感情。因此，当我们面对问题或者冲突时，我们需要冷静下来，认真思考问题的本质和根源，而不是急于表达自己的观点或者作出草率的决定。在思考的过程中，我们需要设身处地地为他人着想，了解对方的想法和感受，同时也需要审视自己的言行举止是否得当。

4. 开放问题，适度提问

人际关系交往，相互间免不了探询，也就是提出问题，请对方回答。它是交往中了解对方心理、发现对方需要、获取有用信息的重要手段。一般情况下，要使用开放式问题，开放式问题是指提出比较概括、广泛、范围较大的问题，对回答的内容限制不严格，给对方以充分自由发挥的余地。这样的提问比较宽松，不唐突，也非常得体。一般用在人际关系相处的开头，可缩短双方心理、感情距离。

也就是说，我们可以借助提问来增加信息的全面、真实和深度。使用"是什么""怎么""为什么"等开放式词语发问，并去确认你的理解是否正确。使用"那之后""你如何看"等词语进行言语追踪，引导他逐步探索、感受背后的需求、内心的渴望，帮助他进行自我挖掘和剖析，这就做到了以他为中心。当然，提问也需要适度，避免带给对方审判感和压抑感。

人际交往中提问时，要注意一个对方的感受，学会共情；再有就是灵活有效运用提问的六个技巧方法，即开门见山、委婉含蓄、诱问导入、限制选择、协商讨论、澄清证实；还有三点把握：一是把握好提什么问题，二是把握好如何表述问题，三是把握好何时提出问题。显然，这又是适度提问的"163法则"，只有把这些有机地结合起来，根据具体情况灵活地提出问题，提问才能恰到好处，取得满意的效果。

5. 利他思维，融入对方

克服自我中心的心理，成熟的共情需要抑制自我中心的优势，将自我"客体化"。这意味着，首先要区分自我和他人，突破自身视角的局限性；其次要改变自我中心的习惯，学习从关注自我转向关注他人，在知道他人是如何感受的基础之上，真切地关心他人的感受，增加对他人的积极关怀，主动作出调整，融入对方。

在人际关系交往中，有利他思维非常重要。利他思维不是讨好奉承别人，而是通过交往让对方获取价值，这价值既可以是物质利益，比如生意合作伙伴、互惠互利，也可以意识形态的利益，比如情绪价值、愉悦、信任、轻松、情绪稳定、宽容、理解。而且这种利他思维是相互的。这样纷杂的人际交往就会变得简单很多。比如，我们都非常喜欢与喜欢我们的人交往，这样可以获取更多的情绪价值。

当然，有一种说法很有道理，利他思维是有个相辅相成的规律，叫绳律。就是像项链上那根把珍珠穿起来的绳子一样，用自己的圈层把资历和资源优于自己的人连接在一起，使自己拥有跟他们一样的价值。绳律的核心不是圈层也不是串联，而是利他。利他是绳律成立的前提。如果单独把绳子价值和珍珠相比是没法比较的，可是没有绳子，单个的珍珠和项链价值又是不一样的。只有采取对珍珠有利的方式，这个串联才能形成，也才有价值，绳子的价值也会跟着提升。而你要做的就是人脉中的那根绳子。人脉虽然重要，可是我们不能过度依赖人脉，更不能利用社交手腕强行挤进富人圈层。只有你自己变得优秀的时候，来自圈层的助力才会体现出最大价值，你才有更多的选择。如果你自身能力不行，再多的帮助也没用，如果你现在还不是珍珠，就要有甘于做绳子的觉悟。绳律是一种付出的心态，利他是一个角度，能助人是一种能力。

6. 自我觉察，突破缺陷

我们每个人都是社交生命体，无论是在工作中还是在生活中，人际交往都是我们不可或缺的一部分。良好的人际关系可以让我们更加快乐、高效地工作，而不良的人际关系则可能会阻碍我们的进步和成功。要改善各种人际关系，首先要从自我察觉开始。

处好人际关系，就要克服原有经历中留下的心理伤痕而造成的与人相处缺陷。要不断增强对过去和冲突的觉察，生命早期的依恋关系和成长中的经历都是共情发展的关键因素。例如，施虐或童年期被虐待的人往往存在共情缺陷，因为他们缺乏共情的体验和经验，对情绪和需求的敏感性不高，及时提供相应的情绪支持和引导便会有难度。如果你感到自己难以或过度共情，请去觉察是什么在影响着自己。

诚然，自我察觉的目的，不是为了迎合，这仅仅是让人家明白自己，才能作出适合的选择。比如说有人因为人际关系而苦恼，为此有些人成为讨好型人格，用顺从，或是物质要营造一种好的人际关系；有些人用踩和捧的方式来结队；有些人变成墙头草，对着不同的人说不同的话……如果没有了解到自己人际不佳的真正原因，那么采用的改变方式，很可能是人生的进一步歪曲。所以，认清自己的同时，我们也要学着全面接受这样的自己，对自己诚实，接受眼前真正的自己，才有益于提升自尊，学会爱自己，用更宽容的心态对待自己。

（三）三个基本原则——携手共进，和谐氛围

1. 平等相待，真诚和信任
2. 互动联系，主动与沟通
3. 相互尊重，隐恶而扬善

在企业组织中，高质量的人际关系使得员工与员工之间、员工与领导之间的关系更加密切，沟通联系更加频繁，拥有轻松互助的组织氛围，员工的工作表现和工作意见受到同事和领导的认可和肯定，这种融洽的组织氛围造就了组织中高质量的人际关系，使得员工更有信心处理工作中的难题，更好地调节工作中产生的负面情绪，进而有持续学习的精力和时间，增强个人工作能力和自我效能，更好地处理工作中的突发情况和适应新的工作内容。

1. 平等相待，真诚和信任

平等相待，意味着我们要摒弃偏见和歧视，无论是对性别、种族、宗教还是对年龄或地位的偏见。我们要以平等的心态对待每一个人，给予他们公正的机会和待遇。只有这样，我们才能建立一个公正、和谐的工作环境和社会环境。任何好的人际关系都让人体验到自由、无拘无束的感觉。如果一方受到另一方的限制，或者一方需要看另一方的脸色行事，就无法建立起高质

量的心理关系。做到与人相处时的平等相待，关键是心态上不能把自己当主角，要正确看待双方关系，在任何情况下，无论是朋友、恋人、亲人，都不会把自己凌驾于他人之上。如果不把自己当主角，就能将心比心，能体会到对方感受，自身善良的话，那么就会下意识地不说伤害他人的话，不做伤害他人的事，展示出的会是更友好的行为。

所以，建立良好的人际关系需要真诚和信任。真诚是打开别人心灵的金钥匙，因为真诚的人使人产生安全感，减少自我防卫。越是好的人际关系越需要关系的双方暴露一部分自我。也就是把自己真实想法与人交流。当然，这样做也会冒一定的风险，但是完全把自我包装起来是无法获得别人的信任的。所以，要让人信任你，你得先信任他人，遇到小人了，今后不交往就好了。总的来说，在与他人交往时，我们应该以真诚的态度对待他人，尊重他人的想法和感受，并尽可能地理解他人的立场和观点。同时，我们也需要展现出自己的真诚和信任，这样才能够建立起真正的信任关系。

2. 互动联系，主动与沟通

所谓互动，就是同别人间的沟通、交流，达成某种程度上的互助、互补、互利。能够主动对人友好，主动表达善意，使人产生受重视的感觉。主动的人往往令人产生好感，易于互动。

同时，要建立良好的人际关系需要良好的沟通技巧。我们要学会主动沟通，前面也强调过，有效的沟通是建立良好人际关系的基础。当我们在工作中遇到问题时，不要害怕与同事或领导沟通，而是要主动寻求帮助，分享自己的想法和感受。在与他人交往时，我们需要用清晰、明确、简洁的语言表达自己的想法和感受，同时也需要倾听他人的意见和建议。通过主动沟通，我们可以更好地理解彼此的需求和期望，从而能够更好地解决彼此之间的矛盾和冲突，建立起更加良好的人际关系。

3. 相互尊重，隐恶而扬善

尊重是建立良好人际关系的基础。我们要尊重每一个人的意见和想法，不论他们的职位高低、经验多少。只有相互尊重，我们才能真正地倾听对方的声音，理解对方的需求，从而更好地相处、更好地合作、更好地发展。每个人都有自己的价值观和背景，我们应该尊重他人的不同，避免对他人的行为和信仰进行评判或指责。只有当我们尊重他人时，才能建立起更加友好和互信的关系。

"舜好问而好察迩言，隐恶而扬善。"这句话出自《礼记·中庸》，大概意思是：舜喜欢向别人请教，即使别人的话很浅显，他都会仔细听，想力图发现有利于自己的东西，包容别人的短处而表扬别人的长处，包容别人的恶言，宣扬别人的善言。《水浒传》第三十三回曾引用："他和你是同僚官，虽有些过失，你可隐恶而扬善。"现为成语"隐恶扬善"，指的就是隐瞒别人坏的方面，宣扬其好的方面。在日常生活中，我们难免会遇到各种各样的人和事，每个人都有自己的优点和不足，建立良好的人际关系需要尊重他人的隐私和个人空间，不要随意干涉他人的私人生活。对于他人的优点和长处，我们要学会欣赏他人的优点和长处，我们要学会赞美和表扬；对于他人的缺点和不足，我们要学会理解和包容，而不是抓住别人的缺点和不足不放。同时，我们也要勇于指出他人的错误，帮助他们改正。只有这样，我们才能共同进步、共同提高。

建立良好的人际关系是我们共同的责任和使命。让我们从相互尊重开始，学会隐恶而扬善，以积极的态度去面对工作和生活中的挑战。

第十八章 自己的身心健康 163 法则

随着时代多元化的发展，物质、精神生活丰富多样，让处在这个社会的人的身心受到了很大的影响。意大利有句名言："健康的身体富于健康的体魄"，健康的体魄承载睿智的思维。许多时候，我们却不知道自身是否真正健康，而是生活在自我意识误区的范围内，一旦出现了问题，悔之晚矣！为此，知道健康心理、心理素质和健康的人格是身心健康的总定义。

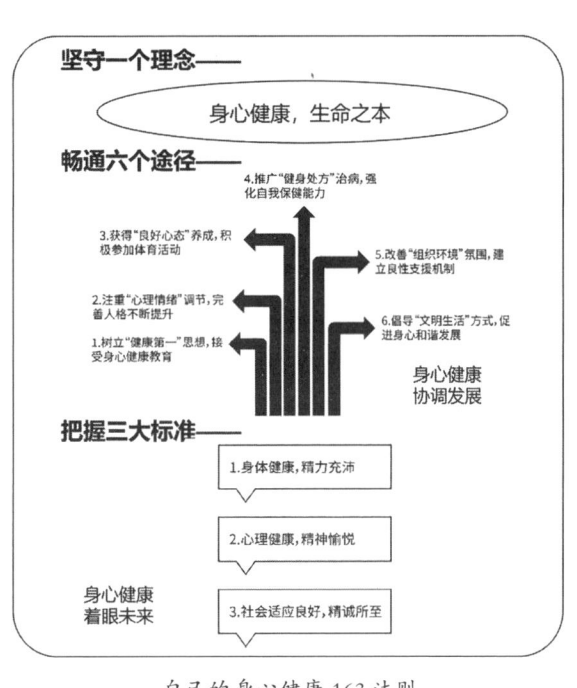

自己的身心健康 163 法则

（一）坚守一个理念——身心健康，生命之本

生理健康是保证心理健康的主要条件，"有健康即有希望，有希望即有

一切"——这是阿拉伯人对健康的认识。有健康的身体，才会乐观、自信。反过来，干什么事都受身体健康的影响，感觉力不从心，心生忧伤，日久天长，心理就会出现问题。在教育领域，为了学生的身心健康，学校增加了学生的室外活动课，有的学校面对脆弱的学生难以承载的压力，还开设了心理疏导课程。有的企事业单位，也注意员工的身体与心理状况的发展，引进相对应的健康培训课程，对员工的思想政治工作也融入心理干预等措施，强调的一个理念就是"身心健康，生命之本"。

在实际情况中，还存在一些身体不健全的人。根据观察，这类人往往很孤僻，个性冷漠，不合群体等。对待这种人，就需要特别疏导，对其进行心理健康教育尤为重要。如果方法得当，也不乏身残志坚的成功人士，最出名的恐怕要数物理学家霍金了。

心理健康是正常学习、工作交往和生活各方面发展的保证。它是正确学习工作的前提条件。树立正确的价值观，才会从前人的知识经验中获取有价值的知识，才会树立远大的人生目标，才会乐观积极努力工作。心理健康的人都有积极的自我意识，能正确认识自己，能面对学习、工作和生活中的困难与挫折，能明辨是非，能诉说自己合理的需求，能与人和睦相处等。

一个人心智不成熟，就会出现各种心理问题。没有良好的心理素质，根本就谈不上学习、工作、生活、交往。或许说，人都有性格上的缺陷和心理上的问题。有种错误认识，只要不是太突出和影响自身和他人的显性问题，即为正常。由此，家庭、学校、社会都要努力营造心理健康成长的环境和条件，特别是企事业单位和各类性质的组织。

生理健康和心理健康是相互统一、互为促进的。约翰·格雷说："身体的健康在很大程度上取决于精神的健康"，反之，精神的健康又会影响身体的健康，这个道理是被现代医学所认可的。二者相承，才能说明一个人的身心健康程度。现在的一些地方对学生过分注重应试成绩，大量剥夺他们的自由时间，使他们与外界失去了联系；对职场人也常常过分注重绩效量化考核，使"996"或"995"成为职场工作常态，即一周工作6天或5天，每天从早9点至晚9点……这一切都加大了各种压力，损害了人的身心健康。身心健康的失去，对个人而言失去了一切，对社会而言失去了健康、安全、科学的发展。

（二）畅通六个途径——身心健康，协调发展

1. 树立"健康第一"思想，接受身心健康教育
2. 注重"心理情绪"调节，完善人格不断提升
3. 获得"良好心态"养成，积极参加体育活动
4. 推广"健身处方"治病，强化自我保健能力
5. 改善"组织环境"氛围，建立良性支援机制
6. 倡导"文明生活"方式，促进身心和谐发展

促进人的身心健康，是国家赋予各层级组织的责任，也是一个引起全社会关注的问题。各层级组织里的思想政治工作、教育培训、体育活动、医疗卫生等相关部门，在这方面似乎都是各有其责，故而开会时说、文件里写、嘴巴上讲、行动上做，但问题却仍不少。由此，应该不断探索人的身心健康协调发展的途径，努力改变现状，形成一个各层级社会组织中统揽全局、有权威的、高效精干的领导班子，进行科学决策，抓住主要问题，明确各自担当的职责，在做好中心工作的同时，并充分搞好协调。在对全民进行健康教育时，在自我情绪的调节中，在体育锻炼中，予以文明生活方式的指引，不断增强全民的自我保健意识，强化自我保健能力，重视心理训练，提高应对压力的能力，切实促进身心的和谐发展。

1. 树立"健康第一"思想，接受身心健康教育

1949年，在联合国世界卫生组织成立之时公布的章程中指出："健康不只是没有身体上的疾病和虚弱状态，而是身体、心理和社会适应都应处于完满状态。"1978年，该组织在阿拉木图召开世界卫生大会，发表了著名的《阿拉木图宣言》。提出通过实施初级卫生保健，达到"2000年人人享有健康"的全球卫生战略目标。我国政府对此作出了庄严承诺。1989年，该组织又进一步深化了健康概念，提出健康应包括躯体健康、心理健康、社会适应良好的道德健康。质言之，健康就是身心的协调与和谐发展。现代社会非常强调人与自然、人与社会、人与人、人与自身的正确认识与和谐相处。只有这样，才能保持身心的健康。

培养人的场所，不仅仅在学校，是各级组织责无旁贷的义务，健康教育当然是不可或缺的组成部分。开展健康教育的目的是使人获得完整的健康观念，促进健康行为，享有健康并为终身享有健康奠定基础。追求社会健康教育的有效性，是全世界的共同行动。无论哪个层级的教育工作者们越来越深刻地认识到，追求人的身心健康是全社会健康教育的崇高目标。因此，正确认识、理解健康和身心健康十分重要。人在青春期，是生理和心理的发展趋于成熟的时期，身心是否健康，不仅会影响到在校期间及职场生涯的学习、工作和生活，还将影响到今后的发展。我国各种教育重点虽然有所侧重，高等教育的任务主要是培养掌握高新科技知识与技术，能在未来的建设中担当重任的专门人才。但是，体魄强健，心理素质过硬，更是每个人成才的基本要求，也是每个人今后事业成功的基础。由此可见，促进人的身心健康，不仅是国家对学校教育的要求，也是历史赋予全社会的重任。然而，在现实中存在着很多人对健康知识的匮乏及对体育的偏见。尽管从小学到大学，一直在接受体育与健康教育，但他们对健康知识的了解却非常之少，更没有养成科学的体育锻炼习惯和正确的健康体育理念。从生长发育自然增长的年龄阶段来看，由少年到青年，已全面成熟即将步入成人行列，但是若从成熟的水平和成熟的程度来看，还需要进一步提高身体素质和心理素质，以适应激烈竞争的需要。因此，必须把各种教育有机地统一在健康教育活动的各个环节中。必须充分明确大健康教育思想的核心内容，应以人的身心健康、体质强壮为根本目的，而身心健康和体质现状要靠"健康第一"思想的指导和保障。所有人应自觉通过健康教育，树立"健康第一"的思想和追求健康状态的理念，了解并掌握达到健康的途径，从意识上、行为上对健康概念重新加以认识。要真正领悟到身心健康的重要性，从而自觉、积极、持之以恒地参加体育锻炼，促进自身体质向健康方向发展。

2. 注重"心理情绪"调节，完善人格不断提升

情绪是人们对客观事物的态度、体验，是个人需要得到满足与否的反映，渗透于人的一切活动中。对于处在青春期的人而言，在大学的，刚入职走上社会的，情绪会明显地影响学习、工作、生活和心理健康。众多的研究表明，不良情绪是身心健康的大敌。突然而强烈的紧张情绪，会抑制大脑皮层高度的心

智活动，会破坏大脑皮层的兴奋和抑制的平衡，使人的意识范围狭窄，判断力减弱，甚至失去理智和自制力。持续的消极情绪的影响，则会使人的大脑功能严重失调，从而导致神经功能不正常。调查发现，年轻人中常见的紧张性头痛和偏头痛、心律失常、月经失调、失眠等，多和不良情绪有关。每个人对自身的情绪若不能及时调控，还会影响心理健康。常见的情绪困扰有焦虑、抑郁、嫉妒、压抑、强迫和精神病等。这些不良情绪困扰的存在，在于当事人缺乏基本的心理健康知识及心理调控能力，心理素质偏低，导致心理健康水平总体较差。表现为情绪不稳定，成天焦虑，为小事而过分担忧，常常心情不好，无端恐惧；缺乏自觉、果断、坚持、自制等良好的意志品质，抗挫折能力差等。对此，必须采取有效措施，切实提高全民的心理健康水平。许多组织的成功实践表明，开设心理健康教育培训专题课程，增强人的心理素质，是社会公民心理健康工作的重点。帮助人掌握基本的心理保健知识，具备初步的心理调控能力，则是保证人的心理健康的基础条件。开展心理咨询与心理治疗工作，是解决现今浮躁生活中的人的心理问题的主要渠道，也是增进人的心理健康的重要手段和方式，与心理健康教育相辅相成。对于咨询者来说，应谙熟社会心理学、健康心理学、护理心理学等专业知识，具备较高的自身素质修养和敬业精神、职业道德、驾驭能力及应变机智等。咨询的形式应是个别具体的心理咨询、治疗相结合，一事一议、有的放矢，着重解决具体心理问题。还可通过聘请有关专家、学者举办社会讲座、开通热线电话、设置网页等多样化的形式，普及心理健康知识，提高人的心理健康认识。加强对职场新人的心理训练，也是提高人的心理健康水平的一个有效通道。心理训练应不拘一格，可以根据具体对象，充分运用放松、暗示、音乐、心理剧、模拟与模仿等方法，结合其他辅助手段，设计特定的情境，使参与者通过活动，逐渐改变其心理面貌，养成预期的行为习惯，提高心理素质，促进身心健康发展和人格的不断完善。

3. 获得"良好心态"养成，积极参加体育活动

在促进人的身心健康中，鼓励自觉接受体育知识学习与乐于参加体育活动非常重要。研究表明，体育的心理功能主要表现为人们在参加体育活动的过程中，特别是参加那些自己喜爱和擅长的活动项目时，能够通过与同伴的默契配合，与对手的斗智拼搏，征服自然的障碍，在完成各种复杂练习过程中，得到一种美妙的心理快感。这种心理状态，可以激发人的自尊心、自信心、自豪感，以满足人们与同伴交往、合作的需要。由于各种活动项目具有不同的特点，可以使人在身体活动中获得不同的心理体验，特别是能增强良好情绪体验。流畅状态是一种良好的情绪状态，在这种状态中人忘却自我而全身心地投入到体育活动之中，对过程的体验本身就是一种享受。如练习气功，行云流水、一气呵成，使人感到悠然自得、乐在其中；球类练习，你来我往、你争我夺，可使人领悟团结战胜对手的喜悦；登山、涉水、漂流等体育旅游，可使人领略美景、心旷神怡等。有研究报告证实，跑步能缓解因紧张、困惑、疲劳、焦虑、抑郁和愤怒等引起的不良情绪状态，使精力感保持在高水平上。有研究表明，仅一次公路自行车练习就能使人的焦虑程度下降。同时人们在观赏体育的过程中，亦可获得一种愉快的情感体验。现代体育，特别是竞技体育，总是最大限度地发挥人的体力和智力，其运动技艺日益向难、新、美、高的方向发展。艺术体操、花样滑冰、健美操的杰出运动员能够在一定的空间和时间内把身体控制到尽善尽美的程度，达到健、力、美高度统一，表现出抒情诗般的艺术造型，使人们从中获得一种美的享受和心理的快感。体育运动以其固有的身心和谐、完美发展的本质特征，吸引着广大师生参与到这种既健身又健心的运动中，在富有乐趣的体育乐园里，人们锻炼出强健的体格，更促进心灵完美。

4. 推广"健身处方"治病，强化自我保健能力

在现今社会中的不少年轻人，患各种疾病的比率居高不下。尤其是神经类、肺结核、肝炎、心脏病等疾患，使他们难以继续求学深造，给个人和国家都带来损失。究其原因，在于年轻人自我保健意识淡薄，自我健身能力低下。我国全日制普通高校大学生及职业技术学校的学生和不需要文凭的年轻打工者，年龄一般在18—25岁，这个时期的生理发展较快，但心理成熟却往往滞后。他们不仅心理健康意识淡薄，更缺乏自我保健的能力。在现实生活中，不少人自我保健常识贫乏，自认为年纪轻、身体好，不吃早饭就开始新的一天比比皆是。闲暇时间，在尘埃飞扬的运动场上活动一两个小时不足为奇，对连续运动带来的极度疲劳抱无所谓的态度。夏令季节，汗流浃背便去洗冷水澡，或是空腹暴饮冰凉饮料。平日里，对冷热饱饥毫不在意，对不起眼儿的小毛病能熬则熬，不会甚至不愿求医问药。有的作息无常，更有甚者染上喝酒、抽烟等习惯。对身体不注意爱惜和对自我保健知识的无知，造成了一些人的自身机体受着潜移默化的"蛀蚀"。

对此，迫切需要引起重视，加以引导，针对各个人的实际情况，开出健身处方，有的放矢地对症下药。神经类疾病，包括神经衰弱、精神分裂症、神经官能症、忧郁症，是心理健康卫生障碍的反映。在大力开展身心健康教育活动时，可举办一些有关养生之道的讲座，让人领会大脑神经自我调理的意义，并把握大脑左右两半球兴奋与抑制交替劳逸的方法。使他们懂得，通过手足运动，可以活化大脑；闭目养神，有益健脑；梳理头部，能活血化瘀，从而养成良好习惯，不断促进大脑对整体调理身心的平衡。对假性视力不良者，可以引导在后天的生活中发挥主观能动作用。除了要注意营养调理、劳逸适度外，应着重帮助他们学会和养成点穴和养神等自我健身运动的好习惯。诸如此类，只要方法对头，运用得当，会受到年轻人欢迎并取得良好效果的。

5. 改善"组织环境"氛围，建立良性支援机制

在知识经济和信息化条件下，很多机构组织由封闭的小社会变成了开放的大世界。各种各样的思潮、形形色色的诱惑，无时无刻不在影响着人们。通常，机构组织中的组织文化与人际网络往往更为复杂，各种有形的、无形的、正式的、非正式的组织结构与人际关系都在起作用。无论什么人，在这些人际网络中通过与其他人员的交往互动，便形成了一种组织或区域文化，从而影响到人的专业行为与学习、工作态度。如果所在组织的人际关系不和谐，积极上进的氛围不浓厚，人与人互不沟通，除了工作、学习之外便不相往来，那么就会造成相互成长进步受挫，促使人对所干工作及专业学习倦怠，失却刻苦钻研、工作进步的动力，甚至导致对工作和学习畏惧、焦虑等不良心理的产生。由此改善机构组织环境，营造良好的成长进步文化氛围，是缓解人工作学习倦怠的重要举措。为达此目的，各机构各层次的组织都要实行开放民主的思想政治工作、机构组织管理，赋予人更多的专业学习、创新工作的自主权与更大的自由度，激发他们工作和学习的积极性、主动性与创造性。要建立良性支援机制，有针对性地根据一些人在工作、学习和生活及将来发展等方面所遇到的问题，做好思想工作，化解存在矛盾，减缓心理压力。

积极创造条件，尽可能地给予帮助，满足这些人的合理需要。要鼓励人们踊跃参与社会志愿活动，提高自身的素质能力。拓展交际范围，获取各种有用信息；常与家乡、父母保持联络，不断获得理解与支持；多与领导或老师、同事或同学交流，分享工作及学习心得与人生感悟。总之，充分利用可能的、潜在的各种支持，促进身心健康，从而更好地完成人生阶段性目标，将来为社会发展贡献自己的聪明才智。

6. 倡导"文明生活"方式，促进身心和谐发展

倡导科学、文明、健康的生活方式，对于每个人身心健康的和谐发展具有重要的促进作用。长期以来，不少人对"体育锻炼是科学、文明和健康的生活方式"认识不足。要通过教育和引导使之懂得，无论是体育锻炼还是闲暇运动，都是社会健身运动文化的重要组成部分，或可称为文明生活方式。应以各类人群的工作、学习和锻炼为中心，遵循"健康第一"思想，在选择各种锻炼方式学习和实践上，既要考虑锻炼的实效性、科学性，也要增加锻炼的娱乐性和趣味性，让人达到"懂、会、乐"的效应。目前，有众多的地方建立各种形式的运动俱乐部，吸收大批相对固定的会员，有组织地开展健身健美锻炼活动，这既是社会大健康产业的有效延伸，又突破了区域人群的限制，把锻炼贯穿于整个社会生活之中。在有组织的锻炼中，应注意培养人的终身锻炼意识，掌握科学锻炼身体的方法，养成良好的锻炼身体习惯，促使人们不断了解自己，完善自我，促进健康。

同时，要对人民群众进行卫生保健知识的教育和传播，如帮助青年了解青春期的概念，男女生青春期的差异，切实注意青春期卫生；养成个人良好卫生习惯，注意睡眠卫生，生活要有规律；建立良好的行为生活方式，不吸烟、不酗酒、不吸毒；了解不良生活方式与疾病的关系，懂得与学习、工作和生活相关疾病，如近视、脊椎弯曲异常、神经衰弱的预防；注意体育锻炼的卫生和安全等。环境的绿化、环境卫生和社区的建设发展应该统一规划，同步实施。应融生态、审美、学习、游憩为一体，为人们创造良好的学习、工作和生活环境。还要培养人的审美兴趣和陶冶情操，约束不良行为，增强环境和卫生意识，使之真正在科学、文明和健康的生活方式中促进身心的和谐发展。

（三）把握三大标准——身心健康，着眼未来

1. 身体健康，精力充沛
2. 心理健康，精神愉悦
3. 社会适应良好，精诚所至

在当下社会，"健"和"康"合成一个词，其内涵一直备受各界学者和专家们的热议，至今其含义还存在一定的争议。根据世界卫生组织早期对健康提出的身体健康、心理健康、社会适应良好的健康三维模型，这是最基本的构架模型。之后，健康的内涵在逐渐扩大，标准也逐步增多，但是要想达到如此绝对的健康状态是很难的。不如，化繁为简，就健康三维模型，把握好三大标准，你就有未来的美好人生。

1. 身体健康，精力充沛

身体健康是满足生存条件的基本健康要素。无饥饿、无疾病、无体弱，能精力充沛地生活和劳动，满足基本卫生要求，对健康障碍的预防和治疗具有基本知识；对有科学预防方法的疾病和灾害，能够做到采取合格的预防措施；对健康的障碍能够及时采取合理的治疗和康复措施。

当人们丰衣足食之后，对身体健康的渴求显得越来越强烈，健康将成为新世纪人们的基本目标，追求健康成为所有人的时尚。人人都希望自己健康、长寿，高质量地生活。的确，拥有健康，才能拥有一切，有健康的身体才能挑起生活的重担，才能享受生活带来的幸福。WHO（联合国世界卫生组织）给"身体健康"提出的十项标志是：一是有充沛的精力，能从容不迫地担负日常的繁重工作；二是处事乐观，态度积极，勇于承担责任，不挑剔所要做的事；三是善于休息，睡眠良好；四是身体应变能力强，能适应外界环境变化；五是能抵抗一般性感冒和传染病；六是体重适当，身体匀称，站立时头、肩、臂位置协调；七是眼睛明亮，反应敏捷，眼和眼睑不发炎；八是牙齿清洁，无龋齿，不疼痛，牙龈颜色正常且无出血现象；九是头发有光泽，无头屑；十是肌肉丰满，皮肤富有弹性。这十项标志，只是我们身体健康的参数。真正做到身体健康，就要注意平常的适量运动，良好的生活习惯。人的身体

结构复杂，根据功能及所处位置的不同，组成了不同的身体系统。不同类别的身体系统都有其特殊功能，看似每一类各不相关，其实却紧密相连，互相配合又相互影响，组成了一个完整的人体。任何一个身体器官出现病灶都可能影响其他身体器官，甚至全身。所以，不要忽略身体出现的任何不适，要及时体检，有病及时治疗。

2. 心理健康，精神愉悦

心理健康为满意度条件的高一层次的健康要素。有一定的职业和收入，满足经济要求；日常生活中能享用最新的科技成果；自由自在地生活。

WHO（联合国世界卫生组织）给"心理健康"提出的六大标志是：一有良好的自我意识，能做到自知自觉，既对自己的优点和长处感到欣慰，保持自尊、自信，又不因自己的缺点感到沮丧。二能坦然面对现实，既有高于现实的理想又能正确对待生活中的缺陷和挫折，做到"胜不骄，败不馁"。三能保持正常的人际关系，在与人相处中，能承认别人、接纳别人，包括别人的短处，尊重多于嫉妒，信任多于怀疑，喜爱多于憎恶，同时严格约束自己。四有较强的情绪控制力，能保持情绪稳定与心理平衡，对外界的刺激反应适度，行为协调。五是处事乐观，满怀希望，始终保持一种积极向上的进取态度。六能够珍惜生命，热爱生活，有经久一致的人生哲学。

心理健康的人并非没有过多痛苦和烦恼，而是他们能适时地从痛苦和烦恼中解脱出来，积极地寻求改变不利现状的新途径。他们能够深刻领悟人生冲突的严峻性和不可回避性，也能深刻体察人性的阴阳善恶。他们是那些能够自由、适度地表达、展现自己个性的人，并且和环境和谐地相处。他们善于不断地学习，利用各种资源，不断地充实自己。他们也会享受美好人生，同时也明白知足常乐的道理。他们不会去钻牛角尖，而是善于从不同角度看待问题。如果心理健康出现问题，多与亲近的人聊聊，甚至可以请心理医生干预。

3. 社会适应良好，精诚所至

社会适应良好为最高层次的健康要素。通过适当训练，掌握高深的知识和技术，并且有条件应用这些技术；能过着为社会做贡献的生活。

社会适应良好呈现的是道德健康的内涵，是指能与自然环境、社会环境保持良好接触,并对周围环境有良好的适应能力,有一定的人际交往能力,能有效应对日常生活、工作中的压力,正常地进行学习、工作和生活,主要表现为:

一是环境的适应。首先对生活环境的适应,即有较强的生活自理能力,特别是在新环境中对生活的适应能力;其次对社会环境的适应,即对社会现状和未来有正确和清晰的认识,采取现实的态度,用积极的方式和社会保持一致,有较强的社会认同感和社会参与性,否则的话就很难适应。

二是学习、工作的适应。即具有恰当的学习、工作态度和学习、工作方式,包括学习和工作的主动性、计划性和方法性等内容。能解决学习、工作中遇到的各种问题,正确处理学习、工作和生活的关系。

三是人际关系适应。即有较强的沟通和协调能力,能和周围的人和平相处,关系融洽。善于和他人进行言语交流,能正确处理各种矛盾。如有的人遇到事情需要解决时,不懂得与人沟通,常常自作主张、自以为是,这样不仅不能很好地解决问题,反而会引起更大的矛盾。

四是应激适应。即面对挫折和失败或突发应激事件能够采取恰当的行为方式,无过强的应激反应,自我调控能力强。遇事心态平和,不冲动,不做失去理智的事情。俗话说"冲动是魔鬼",这话是有一定道理的,人在冲动的时候情绪会失控,常常作出丧失理智的事情。事后再回过头来想,往往会对自己当时的莽撞行为懊悔不已。

第十九章　灵魂的高光时刻 163 法则

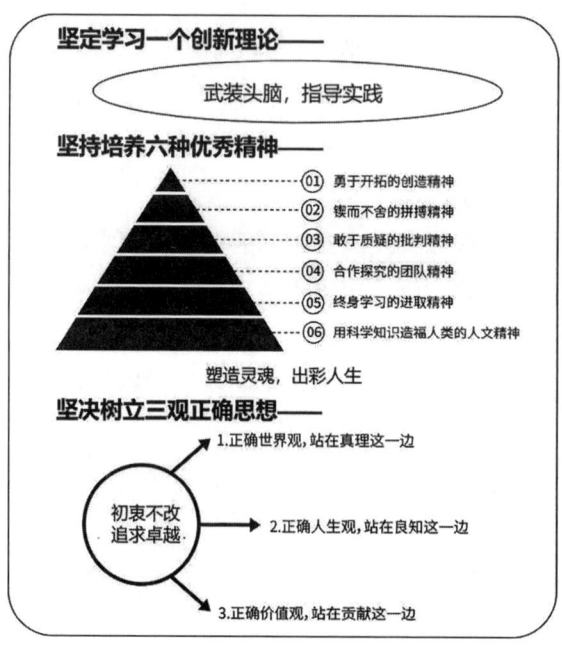

灵魂的高光时刻 163 法则

生命不是只有灵魂，生命也不是只有肉体，生命是两者。没有灵魂的肉体就是行尸走肉，没有肉体的灵魂就是孤魂野鬼，生命是肉体灵魂的整体。灵魂的高光时刻，往往是在思想境界、精神境界达到一定高度的时刻。这就需要我们的定力，坚定学习一个创新理论，坚持培养六种优秀精神，坚决树立三观正确思想。

（一）坚持培养六种优秀精神——塑造灵魂，出彩人生

1. 勇于开拓的创造精神

2. 锲而不舍的拼搏精神

3. 敢于质疑的批判精神

4. 合作探究的团队精神

5. 终身学习的进取精神

6. 用科学知识造福人类的人文精神

未来发展，关键靠人才。人才当然是具有学富五车的能量，具有解决问题的超凡能力，而这是不够的，更重要的是要让人才在掌握知识、提升能力的过程中学会做人，要形成正确的情感态度价值观，养成优秀的精神，塑造适应未来生存和发展必备的职业素养的灵魂。

1. 勇于开拓的创造精神

约翰·道尔顿（JohnDalton，1766年9月6日—1844年7月27日）。英国化学家、物理学家。近代原子理论的提出者。他所提供的关键的学说，使化学领域自那时以来有了巨大进展。附带一提的是道尔顿患有色盲症，这种病的症状引起了他的好奇心。他开始研究这个课题，最终发表了一篇关于色盲的论文——第一篇有关色盲的论文。后人为了纪念他，又把色盲症叫作道尔顿症。道尔顿作为一个身患色盲的人，能够作出如此伟大的成就，更让后人感受到了一位科学巨人的伟大光辉。

道尔顿是在长期的气象观测的实践中，养成了勤于观察、善于思考、勇于创新的优良品质，领略了科学研究中的创新思维方法，锻炼了观察实验能力和创造能力，从而形成了创造精神，这也为他后来建立原子论奠定了坚实的基础。史实已经证明，道尔顿从气象观测出发，用演绎的方法推理出气体分压定律，推论出空气是由大小不同的原子组成；再通过实验，把原子量引入化学研究，在计算的基础上用归纳分析的思维方法，发现了倍比定律，逐步建立起科学的原子论体系，为人类认识物质结构奠定了理论基础。道尔顿之所以能完成这项伟业，在于他勇于冲破以收集材料为特征的经验型传统方法的束缚，采用归纳与演绎这一创新思维方法。科学研究中最关键的一环就是思维，思维是学习与创造最基本的方法，思维是发展智力与培养能力的核心。借鉴道尔顿的事例经验，要自觉训练思考，领悟创新思维方法，成为培养创造精神的有效途径。

2. 锲而不舍的拼搏精神

海伦·凯勒（Helen Keller，1880年6月27日—1968年6月1日），是美国盲聋哑女作家和残障家。她自幼因病成为盲聋哑人，但她自强不息，克服巨大困难读完大学。一生创作14本著作。代表作有《假如给我三天光明》《我的人生故事》。1964年获"总统自由勋章"，次年入选美国《时代周刊》"二十世纪美国十大英雄偶像"之一。7岁那一年，家里为她请了一位家庭教师，也就是影响海伦一生的沙利文老师。沙利文在小时候眼睛也差点儿失明，了解失去光明的痛苦。在她辛苦的指导下，海伦用手触摸学会手语，摸点字卡学会了读书，后来用手摸别人的嘴唇，终于学会说话了。像残疾人这样锲而不舍的案例，比比皆是。

又如史蒂芬·霍金，出生于1942年1月8日，他从小就拥有异乎常人的头脑，17岁就考上了剑桥大学，把解释宇宙的万物理论当作自己的信仰。可在他21岁时，被确诊患上了一种病，这种病会使他的身体越来越不听使唤，最后连心肺功能也会丧失，当时大夫预言他只能再活两年。这个致命的打击让原本沉浸在考上大学喜悦中的霍金几乎放弃了学业，但是，坚强乐观的他最后还是克服了心理上的困难，重新"站了起来"。

事实上，正常人要取得非凡的业绩，也不是什么容易的事。侯德榜是侯氏制碱法的创始人，他经过5年艰苦的摸索，才掌握了索尔维制碱法的生产技术，在1926年生产出合格的纯碱。针对索尔维制碱法生产纯碱时食盐利用率低，制碱成本高，废液、废渣污染环境和难以处理等不足，侯德榜先生经过上千次实验，在1943年终于研究出中国人自己的制碱工艺——联合制碱法，使中国的化工技术登上了世界舞台。侯德榜的拼搏精神来源于他高尚的情感态度价值观，安心钻研、锲而不舍是杰出人才取得成功的基础。科学研究应坚持不懈，科学成就只钟情于不屈不挠顽强探索的人，从来不会照顾半途而废的人。舍勒和普利斯特里首次分别独立制得了氧气却未能推翻燃素论的统治，李比希奠定了有机化学分析基础却与溴的发现失之交臂，居里夫妇首先发现了人工放射性元素镭却使中子从眼皮子底下溜走……这些著名人物成功与失败的事例，都值得我们借鉴。在实验探究中，要注重分析成功与失败的原因，要学会善于在异常中发现问题，锲而不舍的拼搏精神是发展职场人的智力、培养职场人的能力的基础。

3. 敢于质疑的批判精神

创新源于思考，而思考源于怀疑。只有敢于提出问题、敢于质疑、不盲从潮流、不迷信权威，同时慎重思考才是人类进行各种研究、取得创造发明的前提。

天文学家哥白尼通过对行星的不断观察，分析计算，得出结论"太阳是宇宙的中心，地球围绕太阳转"。日心说的提出和以往科学家所接受的地心说相左，是像常人那样接受地心说，还是坚持自己，是相信权威，还是忠于实践。又经过数年计算，他终于肯定自己，在生命的最后一刻，他将真理公之于众。

在人类科学史上，我们也看到，如果没有波义耳的敢于质疑，化学就不可能从医药和炼金术中分离出来成为一门独立的学科；如果雷利和拉塞姆轻信了关于"轻氮"和"重氮"的假说，他们就不可能发现氩；如果维勒、柯尔伯迷信"生命力"学说，那么用无机物合成有机物尿素与醋酸，打破"生命力"学说的神话也许要推迟若干年。无论你从事什么工作，都要大胆质疑，敢于与众不同，并能够坚持自己的观点，能够深入思考而不随声附和，能够认识发展批判思维的意义和作用，就能有效地培养人们敢于质疑的批判精神。

4. 合作探究的团队精神

团队合作是指团队里面通过共同的合作完成某项事情。1994年，斯蒂芬·罗宾斯首次提出了"团队"的概念：为了实现某一目标而由相互协作的个体所组成的正式群体。在随后的数十年里，关于"团队合作"的理念风靡全球。当团队合作是出于自觉和自愿时，它必将会产生一股强大而且持久的力量。表现成员密切合作，配合默契，共同探究、共同决策和与他人协商；探究决策之前听取相关意见，把手头的任务和别人的意见联系起来；在变化的环境中担任各种角色；经常评估团队的有效性和本人在团队中的长处和短处。

屠呦呦的科学贡献是发现青蒿素。她从中医古籍中得到启迪，改变青蒿传统提取工艺，创建的低温提取青蒿抗疟有效部位的方法，成为青蒿素发现的关键性突破；率先提取得到对疟原虫抑制率达100%的青蒿抗疟有效部位"醚中干"，并在全国"523"会议上做了报告，从此带动了全国对青蒿提取物的抗疟研究。而这一获得诺贝尔奖的创造，却得益于屠呦呦带领的团队。

这个团队与国内其他机构合作，经历了190次的实验失败后发现了"青蒿素"，全球数亿人因这种"中国神药"而受益。

著名的卡文迪许实验室建立100多年中研究出了许多重大的科学成果，造就了几代出类拔萃的科学人才，其中诺贝尔奖获得者就有30多位，这一科学家群体的崛起实质是人才师承作用和人才优势互补作用。卡文迪许实验室的历届主任不但鼓励研究人员独立思考，而且倡导他们将科学交流和研究小组结合，形成了以教授为核心，各部门、各学科和工作人员之间互助合作的团队精神，这种互助合作团队的形成，不仅解决了许多重大的科学问题，而且开拓了研究人员的思路，丰富了他们的思想，为他们迅速成长为优秀的科学人才创造了良好条件，这也使得卡文迪许实验室多年来在世界科学界始终保持领先地位，这也深刻说明了合作探究学习是人才成长的必由之路。其他诸如爱因斯坦领导的"奥林匹亚"聚会、以波尔为首的哥本哈根讨论会，都充分说明了个人创造精神的自由发展与集体智慧的充分发挥是相辅相成的。科学发展到今天，其复杂性和学科间思维的相互渗透日益明显，单靠个人的单打独斗已难有大的作为，合作探究才是科学研究的重要形式。培养合作探究的团队精神，对于落实人才强国的战略目标具有十分重要的意义和作用。

5. 终身学习的进取精神

爱因斯坦一生的科学成就是辉煌的，他在科学史中的地位只有哥白尼、牛顿和达尔文等可以比拟，但是，他从来不故步自封，永远不满足于自己已经取得的成果，永远虚怀若谷地不断向前探索未知的真理，爱因斯坦认为智慧"来自对知识的终身不懈的追求"。1905年，他在光电效应理论、布朗运动理论和狭义相对论三个不同领域中都取得了重大突破，特别是狭义相对论开创了物理学的新纪元；之后，他又建成了广义相对论，开始用广义相对论引力论来考察宇宙问题；20世纪20年代以后，爱因斯坦把他的主要精力用于探索统一场论。爱因斯坦这种终身学习的进取精神促使他一生都在发展，不断创新。凡是大有作为的人，都有终身学习的进取精神。钱伟长曾说过："每个人必须终身学习，只有不断学习，才能跟上时代步伐。"他36岁学力学，44岁学俄语，58岁学电池知识，64岁以后学计算机，他曾告诉学生："自己大学毕业后从没有停止过学习。50多年来，晚上8点以后是我的自学时间，一直到12点,我的知识没有老化。"钱伟长用自己的实际行动完美地诠释了自己的口头禅"学到老,做到老,活到老"。终身学习不仅可以促进个人潜能的充分发挥,还能促进整个社会的成长和进步。现今全社会倡导培养人的终身学习与发展的能力。因此,各级领导干部首先要认同终身学习理念,并不断学习成长,成为终身学习的榜样,才能有效地引导和促进所有下属的成长,从而间接地影响到全体国民建立起与时俱进的学习行为。

当今中国,建设全民终身学习的学习型社会、学习型大国,促进人人皆学、处处能学、时时可学,不断提高国民受教育程度,全面提升人力资源开发水平,促进人的全面发展。很多地方,都在务实推动终身学习,如天津特别强化"五个全民"特色学习促进活动,即"全民笃学""全民阅读""全民智学""全民讲堂""全民展示",相互加持、相互鼓舞、相互激励,使"五个全民"特色举措有效,推动终身学习的进取精神落地。

6.用科学知识造福人类的人文精神

从实践角度来看科学技术,一是影响人们的认识能力。人类为满足生活和生产的需要,在认识自然与改造自然的长期实践过程中创造和积累起来的科学技术知识,是整个人类知识体系中最为重要的一个组成部分。二是影响人们的世界观。社会精神文明与人的世界观是密切相关的。在人类思想史中,那些意义重大的世界观的转变、人类对于世界的精神态度的重大转变,总是同那些决定世界图景的基本特征的深刻的、具有深远影响的自然知识的进展一同发生并受到它的制约。三是影响人们的人生观、价值观。科学技术对于人们的人生观、价值观的转变有着重大的启蒙作用,进而影响社会的精神文明。四是影响人们的道德观念。科学从根本上说,它是真、善、美的辩证统一,具有不可忽视的伦理价值。自然科学是求真的,求真就是发现规律,探索真理。对真理的追求,对规律的探索是自然科学的历史使命。五是影响人们的思维方式。自然科学对人的思维方式影响是十分明显的,不同的自然科学状况往往导致不同的思维方式。六是影响人们的法治观念、影响教育等。科学技术正是通过对上述精神文明的一系列组成要素和相关要素的影响而实现对社会精神文明的影响。

是否可以这样认为:只要科学技术进步发展了,社会精神文明就会自然而然地进步发展；科学技术进步发展到什么水平，精神文明也就同时自然而然地进步到什么水平呢？对此的回答是否定的。我们知道，科学技术的进步是把双刃剑，诺贝尔发明的硝化甘油炸药用于采矿、修路等方面，提高了人类改造自然的能力，但它也为制造毁灭性武器提供了条件，把科学发明用于战争并不是他的初衷，于是他设立了"诺贝尔"奖向世人表明：诺贝尔研制炸药所追求的目的是为人类造福。要培养人用科学造福人类的精神。20世纪以来，人类的生存和持续发展面临着粮食安全、环境污染、气候反常、资源枯竭、核扩散等"全球性灾害"的威胁，这些灾害的出现有的直接就是科学技术的使用不当或滥用所造成的。要战胜这些灾害，就必须正确对待科学，用科学为人类造福，同时抵制利用技术谋取私利以危害人类根本利益的不良行为。要了解科学技术同时具有正负两面的效应，增强道德责任感，增强为人类文明和社会进步而努力学习的责任感和使命感。要不断认真领会科学思维方法，培养人的科学精神，有效塑造人才灵魂。

（二）坚决树立三观正确思想——初衷不改，追求卓越

1. 正确世界观，站在真理这一边
2. 正确人生观，站在良知这一边
3. 正确价值观，站在贡献这一边

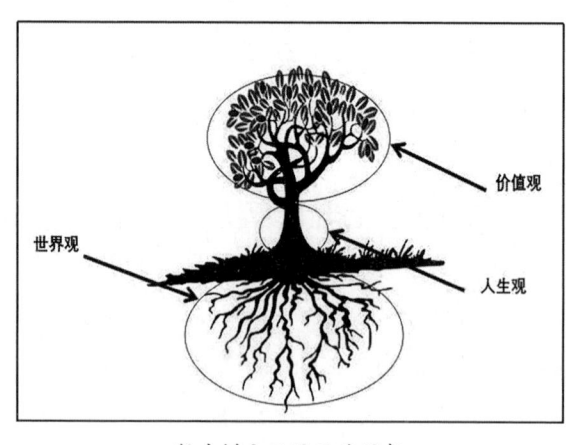

坚决树立三观正确思想

当下，我国正处于深刻的社会变革之中，思想观念的转变、外来文化的融入，导致了社会规范与价值观念的多元化和不确定性。诚然，传统观念与现代意识的冲突，东西方文化的交融，理想与现实的落差等，使得部分人的道德修养意识逐渐淡

化，素质下降，理想信念变得淡薄。个人主义、拜金主义、享乐主义等思想日益严重，见利忘义、学术剽窃、贪污受贿、腐朽堕落等现象时有发生。这些都在一定程度上对人们正确的世界观、人生观和价值观的树立提出了挑战。

1. 正确世界观，站在真理这一边

"世界观"通常是指人们对整个世界（对自然界、社会和人的思维）的根本看法。世界观不同，表现为人们在认识和改造世界时的立场、观点和方法的不同。所以说，世界观是人们关于世界的总体的和根本的看法，决定着人生追求与价值取向，指导和支配着理想信念、思想境界、道德操守与行为准则，具有"总开关""总闸门"的作用。在日常生活和工作中，我们经常会遇到各种问题和挑战。我们需要用正确的世界观去面对这些问题，寻找真理。正确的世界观是我们工作和生活的基石。只有树立正确的世界观，我们才能站在真理这一边，迎接未来的挑战。

如果没有真理，或丧失理想信念，我们就会迷失奋斗目标和前进方向，就会像一盘散沙而形不成凝聚力，就会失去精神支柱而自我瓦解。《大学》说："古之欲明明德于天下者，先治其国；欲治其国者，先齐其家；欲齐其家者，先修其身；欲修其身者，先正其心；欲正其心者，先诚其意；欲诚其意者，先致其知；致知在格物。物格而后知至，知至而后意诚，意诚而后心正，心正而后身修，身修而后家齐，家齐而后国治，国治而后天下平。"传统文化将修身与治国平天下联系在一起，每个人如能培养自律意识，时刻净化心灵，胸怀治国平天下的理想信念，那么就不会出现政治上的变质、道德上的堕落、生活上的腐化等因理想信念偏差、因真理丧失，而出现的各种问题。所以，我们要以"修身正心"为基础，树立正确的世界观。辩证唯物主义和历史唯物主义相统一的世界观，就是唯一正确的世界观。

2. 正确人生观，站在良知这一边

"人生观"主要是指对人生问题的总的看法，主要内容包括人生的意义、目的、态度和理想等。在人生的道路上，我们时常会面临各种选择和挑战。这些选择和挑战可能来自内心，也可能来自外部环境。然而，如何在这个复杂的世界中保持正确的方向，如何始终站在良知这一边，这就需要我们共同探讨和塑造正确的人生观。"为人民服务"是唯一正确的人生观的精辟概括，

也是它的核心、灵魂和基本特征。

"江山就是人民，人民就是江山。"我们要明白，正确的人生观是我们人生的灯塔。它指引着我们前行，让我们在黑暗中也能找到方向。而这个灯塔，就是我们的良知。我们要时刻关注它，让它指引我们作出正确的决策和行动。"人民至上"是唯一正确的人生观在新时代的要义内涵，这是一个永恒的真理。回顾中国上下五千年的历史，从孟子的"得道者多助，失道者寡助"，到司马懿的"得民心者得天下"，再到今天的"必须坚持人民至上"理论无不反映一个道理，从古至今，历史的变迁，都离不开人民，而民心的走向决定着国家的方向，从人民中走来，也必然要到人民中去，去依靠人民、信任人民、帮助人民，才能得民心。总之，我们的一切工作，都必须以人民的利益为出发点和落脚点，这就是正确的人生观，就是站在良知这一边。我们的每一个决定、每一个行动，都必须符合人民的期待和愿望。

从个体而言，就是无我利他，要积极帮助他人。人生不仅关乎我们自己，还关乎我们的家人、朋友和同事。我们要用我们的良知去感知他人的需要，用我们的行动去帮助他人。这样的人生观，不仅让我们自己受益，也让我们的社会更加美好。

3. 正确价值观，站在贡献这一边

"价值观"就是人们对客观事物的一种认识和评价。一方面表现为价值取向、价值追求，凝结为一定的价值目标；另一方面表现为价值尺度和准则，成为人们判断价值事物有无价值及价值大小的评价标准。正确的价值观是国家和人民利益高于个人利益的集体主义价值观，这是世界观、人生观得到的"正果"。

所谓站在贡献这一边，意味着我们要以积极的态度和敬业的精神，为企业的成长和发展贡献自己的力量。我们要以客户为中心，不断提高服务质量和满意度；我们要以创新为动力，不断推动产品和服务升级；我们要以团队为基础，不断加强合作和协作。

现代管理学之父彼得·德鲁克曾说过："一个人如果只知道埋头苦干，老是强调自己的职权，那不论其职位有多高，也只能算是别人的'下属'。反过来说，一个重视贡献的人，一个注意对成果负责的人，即使他位卑职小，

也应该算是'高层管理人员',因为他能对整个机构的经营绩效负责。"一个人的价值体现不是自己挣多少钱,而是为社会、为自己所在的企事业机构组织做了多少贡献。贡献才是一个人价值多少的衡量"秤星",法国诺贝尔文学奖得主罗曼·罗兰也说过:"一个人的价值与其为社会作出贡献和创造财富的大小成正比。"所以,在正确的价值观的指引下,人必须应该肩负起时代使命,承担起社会责任,爱岗敬业,加强自身素质的培养和能力的提升,发扬工匠精神,为全面建成社会主义现代化强国、实现第二个百年奋斗目标——以中国式现代化全面推进中华民族伟大复兴添砖加瓦。

后　记

　　自本人《管理就这几招》印制出版以后，多年来，一直最想成篇的就是这本书，可一直也没有时间坐下来。从起笔到如今，时间已飞过三年，现可长舒一口气——终于写完了。

　　本书对"系统思维163法则"的解读，主要是来自我数十年咨询、培训、创业及管理实践的感悟，来自长期的学习积累。这一成果尽管已获得中国版权保护中心的认证，但我从未产生"个人独有"的念头。孔子在《论语·述而》中云："述而不作，信而好古。"都说自己"阐述而不创作，相信并喜爱古代文化"。连圣人都这般逊言，我只能向其致敬。

　　所以，"系统思维163法则"向同道者传播，让更多的培训师掌握，让更多的管理者及受训学员获益。至今，有无数职业培训师对此道已经驾轻就熟，研发了别具特色的市场所需课程。在本书写作过程中，家人给予了理解；海轩团队伙伴给予了支持；中国培训师研究院专家老师们给予了帮助；特别是齐乃波老师对本书前期编辑校对提供了许多具体帮助。同时，也非常感谢新华出版社对本书出版所作出的努力。

　　由于时间仓促，本书写作编辑过程中难免出现错误和疏漏之处，敬请读者指正。

吴群学
2023.12.26 于海轩文化集团吴群学"会客室"

附录 "吴群学洞察"栏目精要文抄

"吴群学洞察"是由吴群学劳模工匠人才创新工作室（由合肥市总工会授予）策划，吴群学书记工作室（安徽省合肥市包河区委宣传部授予）监制联合打造的知识栏目。将"劳模上讲台"以数字化形式呈现。

以下，展示"吴群学洞察"栏目精要文抄，以飨读者。

目录

1. 如何理解认知"新质生产力"
2. 新质生产力对企业管理新要求、新挑战
3. 一个人的核心能力是什么？
4. 娃哈哈创始人宗庆后：一辈子只干一件事
5. 怎么做才能实现目标？
6. 做人的境界
7. 企业盈利倍增的秘诀
8. 初创品牌如何打造？
9. 快速赚钱的秘诀
10. 企业为何不赚钱？
11. 企业如何真正做到"专精特新"？
12. 什么是管理？

13. 婚姻经营哪些关键期才能白头到老？

14. 企业持续增长的严重问题

15. 商界成功必备的核心能力

16. 如何进行结构调整，收缩战线呢？

17. 执行力差的症结在哪里？

18. 为什么掼蛋会火起来？

19. 管理者如何教导团队高效工作？

20. "王婆说媒"为什么会大火？

21. 老板的身段有几级？

22. 抓落实"抓"的系统逻辑

23. 管理的"十八般武艺"如何使用？

24. 铁军团队需要什么样的能人？

25. 工作缺乏效率的关键原因？

26. 做好企业的基本逻辑是什么？

27. 降本增效到底需要怎么做呢？

28. 企业家的"六度波罗蜜"的境界修炼

29. 党建与企建如何解决"两张皮"问题

30. 企业管理到底有哪些顽症？

31. 福人的福在哪里？

32. 生意做好的秘诀

33. 总裁如何能够做到放下？

34. 成功者的必备特质有哪些？

35. 改变你命运的因素与天机

36. 大智若愚之人有哪些特征？

37. 如何更好地管理自己

38. 管理者如何思考

39. 人生各个年龄段的欲望

40. 遇事最有水平的处理方法

41. 如何做到政治上的成熟

42. 人为什么要有心？

43. 目前我国教育到底怎么了？

44. 经营中的中国传统阴阳智慧

45. 有效的管理

46. 企业"智改数转"，到底应该怎么转？

47. 短视频运营

48. 如何解决疫情过后问题

49. 团队管理

50. 胖东来的成功

51. 公民如何维护国家安全？

52. 高效工作法

53. 如何做好管理？

54. 企业如何真正做到人性化管理

55. 如何保护好员工的"离线休息权"？

56. 线上营销应该怎么销？

57. 中国传统文化内涵

58. 目标责任分工技巧

59. 目标进度管理

60. 挖掉企业最大成本窟窿

61. 企业如何经营好人？

62. 经营人的本质

63. 如何有效激励？

64. 如何走向乡村"智"理？

1. 如何理解认知"新质生产力"？

新质生产力一个核心标志——
　　◆全要素生产率大幅提升
"新"在六项内容——
　　◆新劳动者，适应现代科技发展
　　◆新劳动对象，体现现代科技水准
　　◆新劳动工具，具有现代科技杠杆作用
　　◆新型基础设施，呈现现代科技前沿平台
　　◆新锐发展思维，驱动现代科技不断进步
　　◆新生惊艳变革，创造现代科技美好未来
"质"在三大特征——
　　◆质态，数据显活力
　　◆质优，关键在结果
　　◆质效，提升促发展

2.新质生产力对企业管理新要求、新挑战

提升一个创新意识——

◆科技创新，实现企业高质量发展

实施六项管理应对——

◆坚持改革，适应新形势

◆人才培养，适应新业态

◆技术应用，适应新产业

◆流程优化，适应新发展

◆数据驱动，适应新趋势

◆持续改进，适应新挑战

坚持三个引领——

◆科技引领，开辟新赛道

◆价值引领，增强新动能

◆品牌引领，塑造新优势

3. 一个人的核心能力是什么？

一个主线——
- ◆ 自己成长成才

六大内核——
- ◆ 心力：定力、内在调适
- ◆ 口力：表达力、演讲力
- ◆ 手力：动手能力
- ◆ 眼力：观察力、洞察力
- ◆ 活力：精力、能量运用能力
- ◆ 潜力：待开发能力

三品要素
- ◆ 品味生活
- ◆ 品质工作
- ◆ 品牌人生

4. 娃哈哈创始人宗庆后：一辈子只干一件事

践行一个道义——

◆产业报国，泽被社会

具有六大影响——

◆商业战略（宗庆后在商业战略上的决策对娃哈哈的发展起到了关键作用。他通过内部改革和外部扩张，使娃哈哈成为了中国知名的饮料品牌。）

◆营销策略（宗庆后深谙市场规律，善于抓住消费者心理，通过精准的市场定位和独特的营销策略，让娃哈哈品牌深入人心。例如，娃哈哈在推广新产品时，常常采用与热门 IP 联名的方式，吸引年轻消费者的关注。这种创新的营销方式不仅提高了品牌知名度，也为娃哈哈带来了更多的忠实粉丝。）

◆企业文化（宗庆后的管理和领导风格对娃哈哈的企业文化产生了深远的影响。他的领导方式和企业理念塑造了娃哈哈独特的企业精神和团队凝聚力。）

◆市场开拓（宗庆后个人深入市场一线的习惯也影响了娃哈哈的市场开拓策略。他的这种亲力亲为的态度激励着娃哈哈团队不断探索新的市场机会。）

◆社会贡献（宗庆后的社会贡献也是他影响娃哈哈的一个重要方面。他的创业故事和对社会的贡献，如打破计划经济束缚的标志性事件，提升了娃哈哈品牌的社会地位和形象。）

◆社会责任（娃哈哈在发展过程中始终坚持绿色发展理念，注重环保和公益事业。例如，娃哈哈积极参与扶贫济困、捐资助学等公益活动，为社会贡献了自己的力量。这种强烈的社会责任感不仅让娃哈哈赢得了社会的广泛赞誉，也为企业树立了良好的形象。）

留下三大精神财富——

◆聚焦主业

◆坚守实业

◆艰苦创业

5.怎么做才能实现目标?

一个主旨——

◆ 提升执行力

六个机制——

◆ "靶向性"导向机制;

◆ "闭环式"践诺机制;

◆ "全链路"落地机制;

◆ "矩阵式"推广机制;

◆ "满意型"评效机制;

◆ "教练型"服务机制;

三层境界——

◆ 用力做结果

◆ 用心做成果

◆ 用情做效果

6. 做人的境界

一个主线——

◆ 先做人，后做事

六层境界——

◆ 无己利人（圣人）

◆ 成己利人（高人）

◆ 利己不害人（凡人）

◆ 利己损人（小人）

◆ 利己少损人（能人）

◆ 损人害己（蠢人）

三个维度——

◆ 生命有价值

◆ 生存有尊严

◆ 生活有品位

7. 企业盈利倍增的秘诀

一个定位——

◆客户痛点，对手盲点，自己优点

六个导向——

◆要有一系列优于市场同行的大众产品

◆要有一系列先于客户思维的创新产品

◆要有一系列基于政策法规的时代产品

◆要有一系列依于内部生产的技能产品

◆要有一系列大于组合多样的视觉产品

◆要有一系列位于标准个性的智能产品

三个维度——

◆人气产品，基础免费

◆特色产品，少量付费

◆盈利产品，增值收费

8. 初创品牌如何打造？

一个认知——

◆ 好品牌会说话

六个特色——

◆ 一个词

◆ 一句话

◆ 一个符号

◆ 一个故事

◆ 一个拳头产品

◆ 一个系统传播

三个步骤——

◆ 建立品牌

◆ 推广品牌

◆ 提升品牌

9.快速赚钱的秘诀

一个思想——
◆ 把经营人为主体

六大内核——
◆ 懂得利益分配
◆ 尊重客户主体
◆ 超强行动意志
◆ 简单直奔主题
◆ 注重细节管理
◆ 修炼强大内心

三大精髓——
◆ 不要所有产品都赚钱
◆ 不要赚所有人的钱
◆ 不要一开始就赚钱

10. 企业为何不赚钱？

一个错误——
- ◆ 战略定位模糊，缺乏设计

六大病理——
- ◆ 利润差，与经营的"盈利模式"设计有关
- ◆ 营收差，与营销的"收钱模式"设计有关
- ◆ 效率低，与管理的"文化机制"设计有关
- ◆ 人才跑，与分钱的"薪酬机制"设计有关
- ◆ 客户少，与会员的"裂变机制"设计有关
- ◆ 成本高，与系统的"流程标准"设计有关

三项短板
- ◆ 招商弱，与渠道的"融招模式"设计有关
- ◆ 市场弱，与变现的"商业模式"设计有关
- ◆ 变现弱，与产品的"盈利方式"设计有关

11. 企业如何真正做到"专精特新"？

一个目的——

◆培育壮大新质生产力，赋能企业高质量发展

六项措施——

◆突出创新

◆聚焦战略

◆差异发展

◆夯实管理

◆用足政策

◆拥抱资本

争取进入三个倍增企业——

◆省级专精特新企业

◆国家级专精特新"小巨人"企业

◆国家级单项冠军企业

12. 什么是管理?

管理一个等式——

◆ 管理＝流程＋表格

管理六化措施——

◆ 规范化做好基础管理

◆ 标准化做好专业管理

◆ 流程化做好业务管理

◆ 完整化做好设备管理

◆ 现代化打造管理工具

◆ 数字化应用管理手段

管理三画规则——

◆ 画圈：明边界、定规则、给标准

◆ 画饼：明需求、定愿景、给激励

◆ 画叉：明是非、定判断、给建议

13. 婚姻经营哪些关键期才能白头到老?

一个目标——

◆ 组合家庭，追求幸福

六大阶段——

◆ 激情期：婚后半年之内，甜甜蜜蜜。

◆ 磨合期：婚后1-2年，出现矛盾，引起争吵，极易导致感情破裂。

◆ 冲突期：婚后3-7年，争吵不休，不能妥协的话，很难熬过"七年之痒"。

◆ 成熟期：婚后7-10年，夫妻双方在生活和事业上都逐渐成熟，两人一起为了家庭而努力。

◆ 稳定期：婚后10-15年，夫妻双方逐渐习惯了彼此的存在，生活趋于平淡。

◆ 亲情期：婚后15-20年，爱情转化为亲情，谁都代替不了，夫妻双方更加关注家庭和孩子。

三段闯关——

◆ 危险期：婚后20-25年，发生了人生变故，孩子独立，父母离世，家庭成为大家最重要的依靠。

◆ 信任期：婚后25-30年，风雨兼程数十载，相互扶持，成为了彼此生命中不可或缺的一部分。

◆ 依赖期：婚后30年，执子之手，相伴到老，今生今世，不离不弃。

14. 企业持续增长的严重问题

一个盲区——

　　◆没有持续的规划力

六大障碍——

　　◆战略不清晰或者战略失误

　　◆组织结构僵化或者组织结构失调

　　◆技术能力与创新能力不足

　　◆市场定位不清晰

　　◆人才和团队的流失不稳定

　　◆品牌建设滞后意识不强

三个认知模糊——

　　◆做什么认知模糊

　　◆为什么做认知模糊

　　◆怎么做认知模糊

15. 商界成功必备的核心能力

一个目标——

◆ 目标就是导航

六大能力——

◆ 精打细算

◆ 钻营能力

◆ 敢于挑战

◆ 江湖智慧

◆ 现实认知

◆ 创新求变

三大特征——

◆ 懂江湖

◆ 通人性

◆ 有情怀

16. 如何进行结构调整，收缩战线呢？

一个中心——

◆ 提质增效，降本增效

六大调整——

◆ 切掉暂时不能使用的闲置资产

◆ 切掉不赚钱也没有前途的项目

◆ 切掉不赚钱也没有希望的产品

◆ 切掉不赚钱又支撑不了的市场

◆ 切掉不赚钱资源占用多的客户

◆ 切掉库存久久不能处理的库存

三维改进——

◆ 敬畏市场，不要只想赚快钱

◆ 敬畏客户，不要只想收快钱

◆ 敬畏团队，不要只想少分钱

17. 执行力差的症结在哪里？

一"责"——

◆在上不在下（责任就是在领导不在员工）

六"缺"——

◆管理缺目标（员工做起来茫然，不知道方向）

◆管理缺计划（员工做起来很忙碌，结果没有）

◆管理缺培训（员工不知道如何做，团队能力一直提升不了）

◆管理缺流程（员工做起来不顺畅，部门相互扯皮、推诿）

◆管理缺激励（员工做好做坏一个样，旱涝保收，没有危机感）

◆管理缺方法（优秀员工离去，普通员工留下，优胜劣汰变成了优汰劣胜）

三"少"——

◆少有效传达（领导意图没有明确表达出来）

◆少有效接收（员工听风就是雨，没有复述"确认"）

◆少有效指导（只是上传下达，没有考虑员工想不想、能不能干的问题，缺少有针对性地指导辅导的工作）

18. 为什么掼蛋会火起来？

一个目标——

◆ 团队利益最大化

六个表明——

◆ 掼蛋打得好，说明有头脑

◆ 掼蛋打得精，说明思路清

◆ 掼蛋不怕炸，说明胆子大

◆ 赢了不吱声，说明城府深

◆ 输了不投降，竞争能力强

◆ 掼蛋算得细，说明懂经济

三个定律——

◆ 好牌不一定能赢，坏牌不一定会输

◆ 不怕神一样的对手，就怕猪一样的队友

◆ 27张牌，27个员工，管理方有战斗力

19. 管理者如何教导团队高效工作?

一个理念——

◆人才是第一资源

六大层次——

◆授人以鱼：给员工能养家糊口的钱

◆授人以渔：教下属做事方法和技巧

◆授人以欲：激发团队员工上进欲望

◆授人以娱：把开心快乐带到工作中

◆授人以遇：给成长机会和发展机遇

◆授人以愚：鼓励扎实做事大智若愚

三留思路——

◆留人给钱

◆留心给情

◆留根给梦

20. "王婆说媒"为什么会大火?

一"化"创新：——

◆差异化创新（当电视相亲节目被曝光，对这类节目失去大众喜爱之时，一个真实互动的场景化接地气活动受到人们的青睐）

六"趣"玩法——

◆乐趣（大宋武侠城景区中有很多宋代人物，王婆也是其中之一，通过角色扮演的方式让游客在景区游览中有更强的沉浸感和体验感）

◆雅趣（视频中王婆的扮演者本身就多才多艺、能歌善舞、三观很正，并且非常熟悉年轻人的消费特点，很多段子脱口而出，据说还是相声大家之后）

◆打趣（传统的相亲模式逐渐被取代，取而代之的是更加自由、开放的社交方式，男情女爱可以更直接表现）

◆情趣（这不是电视上的相亲，"王婆说媒"提供了一个更加直接、真实的线下交流平台，现场一见钟情，互加好友。）

◆风趣（罗马不是一天建成的，王婆的扮演者在景区已经工作六七年，其穿越般的大宋风情风俗表演，日积月累，淋漓尽致）

◆生趣（"王婆说媒"切中人们的生活痛点，很多年轻人因为工作忙，缺少这样的交友平台，而觅得佳偶是他们非常重要的人生大事。总之，节目从多个角度展现相亲过程，满足观众不同需求）

三"性"特点——

◆真实性

◆开放性

◆专业性

21. 老板的身段有几级？

一个境界——

◆ 大道至简，大商至善，大企至德。

六段层级——

◆ 1段：亲力亲为，重点放在钱上

◆ 2段：明确分工，重点放在事上

◆ 3段：信任放权，重点放在人上

◆ 4段：组建团队，重点主抓机制

◆ 5段：模式创新，重点建立系统

◆ 6段：股权激励，重点撬动资本

三种层次——

◆ 内层——文化立业，塑造品牌

◆ 中层——商业布局，组织运营

◆ 外层——行业引领，生态平台

22. 抓落实 "抓" 的系统逻辑

一条主线是 "抓" 的前提——

◆ 闭环思维，合力谋划

六抓路径是 "抓" 的内容——

◆ 坚持统领抓，抓统领

◆ 坚持理性抓，抓理性

◆ 坚持过程抓，抓过程

◆ 坚持创新抓，抓创新

◆ 坚持系统抓，抓系统

◆ 坚持主动抓，抓主动

三大关键是 "抓" 的原则——

◆ 围绕目标不动摇

◆ 聚焦行动不动摇

◆ 恒心坚持不动摇

23.管理的"十八般武艺"如何使用?

一"把"原则——

◆把握有分寸——懂得适而可止

六"会"智慧——

◆会装傻：看破却不说破

◆会画饼：往往给人希望

◆会说话：给人精神需求

◆会来事：善于揣摩心意

◆会做人：不轻易得罪人

◆会人心：懂得人情世故

三"手"定律——

◆下手狠：处事坚毅果断；

◆出手准：专业技能娴熟；

◆收手快：谋善于道迂回

24. 铁军团队需要什么样的能人？

一个目标——

◆团队打天下，管理定江山

六类人才：

◆远见的鹰：高瞻远瞩，规划有度

◆镇山的虎：杀伐果断，决策有力

◆负重的牛：吃苦耐劳，稳重如山

◆善战的狼：冲锋陷阵，誓夺山头

◆自律的雁：协同作战，齐心合力

◆敏捷的豹：反应快速，执行高效

三种品质：

◆忠诚：忠心不二，公平正义

◆干净：勤奋钻研，积极进取

◆担当：敢于负责，勇往直前

25. 工作缺乏效率的关键原因？

一大症结——
◆没有管理的逻辑思维

六大主因——
◆执行却不思考
◆行动却不总结
◆重复却不精进
◆回顾却不复盘
◆绩差却不优化
◆结果却不奖罚

三个因素——
◆工作方式决定效率
◆工作习惯影响效率
◆认知思维干扰效率

26. 做好企业的基本逻辑是什么?

一个定心——

◆把价值观装进员工的大脑

六个定向——

◆把目标感放进员工的眼里

◆把温度剂输入员工的心里

◆把行动力武装员工的脚上

◆把执行力摆到员工的手上

◆把正能量传播员工的嘴上

◆把高激励发射员工的眼里

三个定法——

◆抓大（就是要善抓大事，要抓住最重要的事、最主要的矛盾或矛盾的主要方面）

◆放小（就是要深谙分权与授权、分工与合作的重要性）

◆管细（管细与授权并不矛盾和冲突）

27.降本增效到底需要怎么做呢？

围绕一个中心——

◆发展新质生产力

需要六把大刀——

◆第1刀：砍固定工资占比，增加弹性薪酬权重

◆第2刀：砍固定费用标准，以分配率为导向定位支出

◆第3刀：砍低价值岗位，低产出就是浪费人效

◆第4刀：砍高工资岗位，高薪低能推高人力成本

◆第5刀：砍亏损低效组织，拖累公司经营收益

◆第6刀：砍无预算费用，建立预算标准管控成本

通过三建路径——

◆建立分红奖励机制，用股份与分红换来利润增长

◆建立精简事务流程，一切管理都是为经营服务

◆建立激励考核标准，考核激励必须高度融合

28. 企业家的"六度波罗蜜"的境界修炼

一大核心——

◆企业以人为本，家以孝为先

六大进阶——

◆放下执着，即是"布施"

◆管住恶念，即是"持戒"

◆接受现状，即是"忍辱"

◆降服惰性，即是"精进"

◆守住当下，即是"禅定"

◆回归万法，即是"智慧"

三大修炼——

◆活着就是一场修行

◆活着就是一生度人

◆活着就是一直求索

29.党建与企建如何解决"两张皮"问题

一个中心——

◆确立以党建推动企建的中心思想

六大内核——

◆【道】商业模式竞争力——提升企业方向力

◆【法】股权合伙竞争力——提升企业合作力

◆【术】运营管理竞争力——提升企业协同力

◆【器】团队组织竞争力——提升企业战斗力

◆【魂】企业文化竞争力——提升企业凝聚力

◆【相】品牌营销竞争力——提升企业成交力

三大建设——

◆组织治理

◆组织能力

◆组织思维

30. 企业管理到底有哪些顽症?

一个定位不准——

◆什么都做，什么都做不好

六大症结顽固——

◆有战略，但执行不力，贯彻不彻底

◆有目标，但动力不足，落实不到位

◆有组织，但沟通不畅，有本位主义

◆有制度，但监督不严，有人钻空子

◆有流程，但存在扯皮，效率很低下

◆有人员，但人心涣散，团队没协作

三个缺乏常见——

◆缺乏活力的利益分配机制

◆缺乏张力的晋级成长机制

◆缺乏心力的本土文化机制

31. 福人的福在哪里？

一个福心——

　　◆ 有舍有得，宁静致远

六大福报——

　　◆ 能施舍是富贵人

　　◆ 能包容是善良人

　　◆ 能宽恕是慈悲人

　　◆ 能认错是上进人

　　◆ 能大度是自在人

　　◆ 能随缘是高智人

三种福相——

　　◆ 淡泊明志

　　◆ 知足常乐

　　◆ 见好就收

32. 生意做好的秘诀

宗旨一个"变"——
- ◆ 应客户而变

策略六个"多"——
- ◆ 贪小便宜的客户——多赠送
- ◆ 犹豫不决的客户——多帮断
- ◆ 自命清高的客户——多请教
- ◆ 爱慕虚荣的客户——多夸奖
- ◆ 小心谨慎的客户——多解析
- ◆ 理智诡辩的客户——别多说

注重三个"需求"——
- ◆ 发现需求
- ◆ 满足需求
- ◆ 创造需求

33.总裁如何能够做到放下?

一"念"之意——
　　◆一念放下,万般自在

六种"放"式——
　　◆放手施舍,施必有福
　　◆放心自在,问心无愧
　　◆放身极乐,知足常乐
　　◆放生济世,大度世界
　　◆放眼天下,高瞻远瞩
　　◆放开胸怀,气度恢宏

三"下"境界——
　　◆弯下腰
　　◆蹲下来
　　◆坐下去

34. 成功者的必备特质有哪些?

一个主张——
- ◆ 干事业坚持长期主义

六大要诀——
- ◆ "谋"：精心谋划，明确目标
- ◆ "勇"：勇于担当，敢于挑战
- ◆ "勤"：勤奋努力，刻苦耕耘
- ◆ "变"：灵活应变，与时俱进
- ◆ "合"：团结合作，共创共赢
- ◆ "恒"：持之以恒，坚持不懈

三思人生——
- ◆ 居安思危
- ◆ 行进思退
- ◆ 顺势思变

35.改变你命运的因素与天机

一颗初心不变——

◆满怀希望，就会所向披靡

六维激励感恩——

◆成功离不开——父母的教导

◆成功离不开——师傅的指点

◆成功离不开——爱人的扶持

◆成功离不开——贵人的帮助

◆成功离不开——自己的悟性

◆成功离不开——对手的打击

三个节点把握——

◆改变你命运的机会——上学

◆改变你命运的机会——结婚

◆改变你命运的机会——工作

36. 大智若愚之人有哪些特征？

一个"傻"特点——

◆ 常装傻，看破不说破

六个"会"特色——

◆ 会赞美，能给人愉悦

◆ 会做人，得理也饶人

◆ 会说话，忠言不逆耳

◆ 会画饼，常给人希望

◆ 会干事，虚心又踏实

◆ 会来事，善揣摩心意

三个"能"特长——

◆ 能交际，懂人情世故

◆ 能宽容，豁达且大度

◆ 能合作，擅抱团取暖

37. 如何更好地管理自己？

一个认知——
- ◆我是谁：过去、现在、未来

六大管理——
- ◆管理自己的人性：自私、懒惰、欲望
- ◆管理自己的需求：目标、价值、成就
- ◆管理自己的短板：能力、素质、认知
- ◆管理自己的情绪：心态、感知、状态
- ◆管理自己的格局：包容、短视、狭隘
- ◆管理自己的财富：立业、事业、产业

三层境界——
- ◆一层：物质生命（钱、权、色、利、情）
- ◆二层：精神生命（舍外求内，自主意识）
- ◆三层：灵性生命（"无我"境界）

38. 管理者如何思考

一个准则——
　　◆遵循道德和快乐原则，展现出高度的洞察力和判断力

六大思维——
　　◆感知思维
　　◆情绪思维
　　◆立场思维
　　◆辩证思维
　　◆利益思维
　　◆社会思维

三大心法——
　　◆不要随便表态
　　◆不要经常收集意见和建议
　　◆不要乱开会、乱说话

39. 人生各个年龄段的欲望

一个初始——

◆道法自然——0-10岁：欲望就是吃

六大阶段——

◆渴望长大——11-20岁：欲望主要集中在探索和自我认知上

◆梦想加剧——21-30岁：欲望包括事业成功和财务独立

◆回归现实——31-40岁：欲望主要体现在家庭生活和事业发展上

◆思考人生——41-50岁：欲望转向内心的平静和精神层面的满足

◆寄望未来——51-60岁：欲望体现在健康和家庭幸福上

◆平静如水——61岁及以上：欲望转向对人生的回顾和对未来的期许

三项追求——

◆成长（自然追求）

◆成熟（理性追求）

◆成功（感性或叫意志追求）

40. 遇事最有水平的处理方法

一个遵循——
- ◆遇何事，皆要心平气和

六种方法——
- ◆遇难事，要变
- ◆遇烂事，要断
- ◆遇顺事，要敛
- ◆遇急事，要缓
- ◆遇烦事，要放
- ◆遇怒事，要忍

三层境界：
- ◆事静则顺
- ◆人静则安
- ◆心静则胜

41. 如何做到政治上的成熟？

一个坚定——

◆坚定科学理论武装头脑

六个成熟——

◆在问题的深入思考上的成熟

◆在决策的负责态度上的成熟

◆在行为的自我约束上的成熟

◆在工作的遇事情绪上的成熟

◆在生活的人情世故上的成熟

◆在自己的信仰思想上的成熟

三"力"政治——

◆政治领悟力：决定了你是1，还是9

◆政治判断力：决定了你是 −1，还是 +1

◆政治执行力：决定了1后面有几个0

42. 人为什么要有心？

一个境界——

◆ 心如止水，风又如何

六段层级——

◆ 心若不动，雨也无奈

◆ 心若向道，沧桑无畏

◆ 心若安好，何必恐慌

◆ 心若慈悲，处处善良

◆ 心若坚强，不惧忧伤

◆ 心若微笑，岁月无恙

三生命里——

◆ 心若生慧，万物皆往

◆ 心若解脱，殇又何妨

◆ 心若开悟，无界无疆

43. 目前我国教育到底怎么了？

一个严重问题——

◆中小学的教育走偏，政治思想缺位

六个困惑现象——

◆知识点的测试频繁，应用缺乏考核

◆上下学的溺爱接送，自立缺乏锻炼

◆长时间的教学苦熬，学习缺乏活性

◆用不上的知识配置，读书缺乏实用

◆放学后的作业太多，生活缺乏快乐

◆幼儿园的学前教育，家长负担增加

三个主要原因——

◆教育市场化，整个社会功利的教育风气大涨

◆教育行政化，师资队伍按中考高考指挥棒转

◆教育精英化，资本左右的贵族中学小学出现

44. 经营中的中国传统阴阳智慧

一大规律——
◆一阴一阳谓之道，物极必反，否极泰来

六段逻辑——
◆没有战略不要谈细节
◆没有利益不要谈执行
◆没有方向不要谈策略
◆没有目标不要谈方法
◆没有流程不要谈标准
◆没有系统不要谈管理

三大中心——
◆成本中心：部门独立，成本控制，费用控制
◆利润中心：责任主体，创造收入，降低成本
◆管理中心：平衡成本，管控营收，提升效益

45. 有效的管理

一个目标和战略——
　　◆ 做正确的事
六个措施和策略——
　　◆ 建立高效团队
　　◆ 完善沟通机制
　　◆ 强化创新变革
　　◆ 注重结果过程
　　◆ 自我学习提升
　　◆ 实行有效激励
三个举手之劳——
　　◆ 建个表——关注时间管理
　　◆ 画张图——关注系统思考
　　◆ 排个名单——关注培养接班人

46. 企业"智改数转",到底应该怎么转?

一个宗旨——

◆ 人才引领,创新创造

六大驱动力——

◆ "选贤举能",人才驱动

◆ "按图索骥",制度驱动

◆ "革故鼎新",技术驱动

◆ "同心戮力",思想驱动

◆ "风雨同舟",合作驱动

◆ "高瞻远瞩",战略驱动

解决三个问题——

◆ 技术难

◆ 人才少

◆ 费用高

47. 短视频运营

一个核心——

◆ 明确定位

六个类型——

◆ 游戏类

◆ 知识类

◆ 评价类

◆ 切片类

◆ 解说类

◆ 橡皮类

"三字决"——

◆ "实"：知识类视频注重实用性和功利性

◆ "新"：评价类视频注重题材新和观点新

◆ "清"：对平台规则和平台创作活动门清

48. 如何解决疫情过后问题？

抓住一个重点——
- ◆ "统筹全局"

实施"六千万"举措——
- ◆ 千万做好战略规划
- ◆ 千万建好组织架构
- ◆ 千万重视人力管理
- ◆ 千万抓好市场营销
- ◆ 千万盯好财务管理
- ◆ 千万落实生产运营

解决三大难题——
- ◆ 复工复产，恢复经营
- ◆ 投资未来，立足长远
- ◆ 把握机遇，谋求蝶变

49. 团队管理

一个核心——

◆ 始终围绕团队的价值创造为核心

六个星级——

◆ 一星级：企业领导在，员工就会好好干

◆ 二星级：领导不在场，员工也会好好干

◆ 三星级：领导定计划，员工按照计划干

◆ 四星级：领导定目标，员工制定计划干

◆ 五星级：领导定方向，员工形成团队干

◆ 六星级：领导全放手，员工自主自发干

三个标准——

◆ 精准地干

◆ 快速地干

◆ 高效地干

50. 胖东来的成功

坚守一个宗旨——

◆ 差异化发展，优质化服务

得到六个启示——

◆ "另辟蹊径"。避免同质，差异化发展

◆ "货真价实"。避免低质，高质化商品

◆ "将心比心"。避免敷衍，优质化服务

◆ "行之有效"。避免徒劳，高效化管理

◆ "量体裁衣"。避免贪大，适度化扩张

◆ "脚踏实地"。避免浮躁，扎实化创业

面临三个难题——

◆ "黄牛"猖獗，一货难求

◆ 人流激增，服务吃紧

◆ 代购普遍，溢价严重

51. 公民如何维护国家安全？

一个途径报告——
  ◆ "12339" 举报电话

六个方面入手——
  ◆ 保持警醒，提防腐蚀
  ◆ 积极配合，提供线索
  ◆ 主动检举，共织法网
  ◆ 抵制入侵，头脑清醒
  ◆ 更新思想，摒弃糟粕
  ◆ 拥党爱国，提升高度

三大威胁防范——
  ◆ 防范外部反华势力入侵
  ◆ 防范内部崇洋思想抬头
  ◆ 防范糟粕文化沉渣泛起

52. 高效工作法

一点核心主旨——

　　◆合理规划，提质增效

六个方法策略——

　　◆合理规划，按部就班

　　◆专心致志，一心一意

　　◆谋定后动，三思后行

　　◆集思广益，群策群力

　　◆积极进取，提升能力

　　◆劳逸结合，适当休息

三大痛点问题——

　　◆着急完工，心分二用

　　◆思维混乱，杂乱无章

　　◆缺乏技能，进展缓慢

53. 如何做好管理?

一个用脑想——

  ◆ 不搞"一视同仁"

六个用手抓——

  ◆ 敢抓

  ◆ 会抓

  ◆ 愿抓

  ◆ 善抓

  ◆ 能抓

  ◆ 严抓

三个用脚走——

  ◆ 站稳

  ◆ 踏实

  ◆ 行远

54. 企业如何真正做到人性化管理?

一个方向——
  ◆ 合理、有效地提升人的工作潜能和提高工作效率

六个结合——
  ◆ 浓情与厚酬结合
  ◆ 压担与"加冕"结合
  ◆ "放电"与"充电"结合
  ◆ "扬长"与"避短"结合
  ◆ 决策与担当结合
  ◆ 文化与共识结合

三项管理——
  ◆ 自我管理
  ◆ 能人管理
  ◆ 文化管理

55.如何保护好员工的"离线休息权"？

一个主题——

◆换位思考制度保障

六项措施——

◆员工视角，了解需求

◆人文关怀，安排合理

◆自愿"加班"，"上网"自由

◆绩效补贴，有偿占用

◆重新定义，明确界限

◆建章立制，管理规范

三大层面——

◆管理层面：计划合理

◆企业层面：制度有效

◆员工层面：反馈及时

56. 线上营销应该怎么销?

具有一个正确的世界观——
- ◆ 辩证看待统筹兼顾

实施六大方法论——
- ◆ 更新思维
- ◆ 创新引领
- ◆ 数智赋能
- ◆ 实体为本
- ◆ 产品为王
- ◆ 保质增销

遵循三大原则——
- ◆ 真实性
- ◆ 互动性
- ◆ 差异性

57.中国传统文化内涵

一字先——

◆ 百善孝为先

六字诀——

◆ 仁（仁爱之心）

◆ 义（做人的原则和行为规范）

◆ 礼（礼节、礼仪和礼貌）

◆ 智（智慧和知识）

◆ 信（诚信和信任）

◆ 和（和谐、和睦和平衡）

三字行——

◆ 尊（尊师道）

◆ 敬（敬长辈）

◆ 习（习经典）

58. 目标责任分工技巧

一个定位——

◆ 目标责任划分明确，激励机制到位

六大要点——

◆ 目标分解要合理有方

◆ 层级划分要空间有控

◆ 责任分解要人人有责

◆ 目标关联要上下有动

◆ 机制设计要激发有效

◆ 执行落实要监督有力

三点原则——

◆ 有法可依，做到标准清晰

◆ 有方可循，做到方向正确

◆ 有点可参，做到借鉴有效

59. 目标进度管理

一个定向——

◆通过目标进度跟踪，高效达成结果

六大要点——

◆明确任务目标，确保以终为始

◆及时摆正方向，确保不偏轨道

◆适时调整策略，确保解决问题

◆加强跟踪监督，确保进度不拖

◆制定风险措施，确保意外不出

◆考核执行情况，确保结果到位

三项原则——

◆目标具有战略性

◆目标具有可达成性

◆目标具有可跟踪性

60. 挖掉企业最大成本窟窿

奋力追求一个目的——
    ◆ 提升效率，严控成本
注意六大显性成本——
    ◆ 人力成本
    ◆ 生产成本
    ◆ 销售成本
    ◆ 财务成本
    ◆ 管理成本
    ◆ 采购成本
重视三大隐形成本——
    ◆ 沟通成本
    ◆ 试错成本
    ◆ 决策成本

61. 企业如何经营好人？

强化一个体系建设——
　　◆人才成长的薪酬体系建设

实施六大基础工程——
　　◆招人选人
　　◆留人到留住核心人才
　　◆学会控制人力成本
　　◆从关怀人性到提升人效产效
　　◆从团建到关注团队氛围
　　◆从绩效考核到强化激励分配机制

避免三大盲区进入——
　　◆招不到人：影响企业规划发展
　　◆招不对人：员工流动大，沉没成本高
　　◆招不好人：人才浪费大、人力成本高

62. 经营人的本质

一个核心——

◆ 人才是第一生产力

六大本质——

◆ 人性：人之本能

◆ 人心：人之需求

◆ 人效：人之效能

◆ 人才：人之价值

◆ 人情：人之关系

◆ 人财：人之隐私

三个必有——

◆ 凡是人才，必有价值

◆ 凡是价值，必有结果

◆ 凡是结果，必有利益

63. 如何有效激励？

一个导向——

◆精准数据说话（少务虚多务实，结果导向、数据说话）

六大效应——

◆力效：力度够不够大，文化利益相组合

◆期效：注重长短结合，有明确期限

◆能效：全面深入，但要有关键重点

◆人效：重结果、抓过程，以人为中心

◆实效：用数据、结果、效果、增值衡量

◆功效：效果形成标准化，推广示范

三精思维——

◆精兵简政（人手多不如人效高）

◆精打细算（省下的每一分钱都是利润）

◆精益求精（外部没有增量就从内部增值）

64. 如何走向乡村"智"理？

一个主题——
　　◆ 数字赋能智慧转型

六个措施——
　　◆ 改善数字基础设施
　　◆ 提高民众数字素养
　　◆ 提高数治的参与度
　　◆ 科学项目规划管理
　　◆ 提升乡村数治质量
　　◆ 引进数字技术人才

三大意义——
　　◆ 助力乡村平安和谐
　　◆ 提升乡村治理效能
　　◆ 有效提振乡村经济

参考文献

[1] 老子.道德经(帛书本)[M].李克，注.北京联合出版公司，2022.

[2] 彼得·德鲁克(Peter F. Drucker).卓有成效的管理者[M].北京：机械工业出版社，2022.

[3] 管奇，吴默冬，杜方林.高效管理法则：从业务精英到管理高手[M].北京：中国铁道出版社有限公司，2022.

[4] 管奇，吴默冬.共情领导力：最好的管理是相互成就[M].北京：中国铁道出版社有限公司，2020.

[5] 秋叶.个人品牌7堂课[M].人民邮电出版社，2020.

[6] 帕累托.二八法则[M].许庆胜，译.北京：华文出版社，2004.

[7] 郎加明.创新的奥秘[M].北京：中国青年出版社，1993.

[8] 廖信琳.TTT培训师精进三部曲（上）：深度改善现场培训效果[M].北京：企业管理出版社，2017.

[9] 廖信琳.TTT培训师精进三部曲（下）：职业功力沉淀与修为提升[M].北京：企业管理出版社，2017.

[10] 艾利克森，普尔.刻意练习：如何从新手到大师[M].王正林，译.北京：机械工业出版社，2016.

[11] 傅佩荣.国学的天空[M].湖南：岳麓书社，2020.

[12] 波洛克，杰斐逊.培训师的三堂必修课：学习方式、教学设计、工具和清单[M].刘美凤，译.北京：电子工业出版社，2017.

[13] 段烨.培训师的差异化策略[M].北京：北京联合出版公司，2014.

[14] 段烨，杨雪. 建构主义7D精品课程开发[M]. 北京：北京联合出版公司，2021.

[15] 邱伟.FAST高效课程开发:培训者成长实践手册[M]. 北京：电子工业出版社，2015.

[16] 百度搜索、360导航、人民网、新华网、求是网、中国网、光明网、中青网等.